En couverture :

Un faucheur basque.

Rosine Lagier

Il y a un siècle...

La France paysanne

ÉDITIONS OUEST-FRANCE

Avant-propos

Almanach Vermot, 1900.

Comme beaucoup de mes compatriotes, il ne faut pas remonter loin dans ma généalogie pour retrouver des paysans, hommes et femmes pétris par leur terre : Picards par mon père, Lorrains ou plus exactement Vosgiens par ma mère.

Ces mêmes paysans ont pourtant poussé leurs enfants à quitter la terre et poursuivre des études…

C'est ainsi que mes parents se sont retrouvés dans des usines des hautes vallées des Vosges au temps de la splendeur du textile. Dans ces petits villages de montagne, les ouvriers-paysans y étaient de vrais double-actifs, menant de front travail à l'usine et travail à la ferme.

La vie rurale était à deux pas de notre maison familiale, et je ne me souviens pas d'avoir vraiment mené une vie citadine, d'autant plus que nos racines paysannes étant toujours tenaces, divers élevages et travail du potager rythmaient notre vie quotidienne. Pendant les vacances scolaires, je partageais les travaux de fenaison avec mes camarades de classe.

Paysanne basquaise.

Une tradition qui perdure : le gavage des oies dans le Sud-Ouest.

A l'exemple de mes parents, j'ai opté pour un autre secteur économique : tourisme et voyages m'ont séduite… Mais mes racines paysannes n'étant pas éradiquées, c'est dans le tourisme rural et la promotion des produits du terroir, dans une Chambre d'agriculture, que ma carrière s'est poursuivie…

Ces dix années passées aux côtés d'agriculteurs, à la fois si performants et traditionnels, m'ont permis de les comprendre, de les soutenir, de les encourager, car la terre n'est pas facile, pas plus hier qu'aujourd'hui !

En hommage, et par respect pour leur travail, je leur dédie ce livre.

L'adaptation au modernisme occasionne bien des accidents…

Les fertilisants naturels comme le varech sont en concurrence avec les engrais chimiques exigés par la culture intensive.

L'ENVIRONNEMENT RURAL

Villages, fermes et voies de communication

Au début du XIXe siècle, les grandes routes sont à peu près impraticables ; le passage des armées et les faits de guerre, pendant les campagnes de 1870-1871, terminent de ruiner les chaussées. C'est en 1878, sous M. de Freycinet, ministre des Travaux publics, qu'un inventaire méthodique des travaux de voiries est enfin dressé.

En 1900, la longueur des routes nationales approche 38 065 kilomètres, celle des routes départementales et des chemins vicinaux dépasse 527 000 kilomètres : 40 % des réalisations sont dues à la IIIe République.

Limony (Ardèche). Route de Lyon.

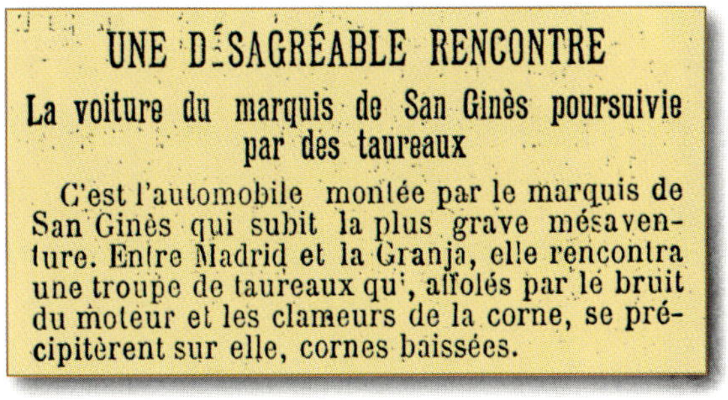
UNE DÉSAGRÉABLE RENCONTRE

La voiture du marquis de San Ginès poursuivie par des taureaux

C'est l'automobile montée par le marquis de San Ginès qui subit la plus grave mésaventure. Entre Madrid et la Granja, elle rencontra une troupe de taureaux qui, affolés par le bruit du moteur et les clameurs de la corne, se précipitèrent sur elle, cornes baissées.

« Le Petit Journal », 16 juillet 1905.

L'Etat consacre alors 132 millions de francs (410 millions d'euros) aux grosses réparations et aux réalisations nouvelles de routes nationales et plus de 780 millions (2 milliards 450 millions d'euros) pour assurer leur entretien quotidien.

En 1905, la France compte, en outre, 42 826 kilomètres de chemins de fer.

Les voies de communication attirent à elles la vie ! Des habitants quittent la vallée solitaire ou le piton escarpé pour descendre vers la route ou le chemin de fer. D'autres rejoignent la ville toute proche : une à une, les maisons se ferment et peu à peu le village se vide de sa substance humaine. Quelques anciennes demeures sont transformées en bâtiments d'exploitation ou se muent lentement en ruines et s'effondrent. Beaucoup de nos aïeux, en fuyant les villages, accélèrent leur agonie et parfois même leur disparition. Les habitants des campagnes vont trouver à la ville les fêtes et le luxe : elle exerce sur eux une véritable fascination.

Lappuye (Vienne). La place et la route de Châtellerault.

L'habitat de montagne se caractérise par sa simplicité et son souci d'économie.

AU VILLAGE

Procès-verbal pour excès de vitesse

La réglementation de l'automobilisme a tenté d'opposer à ce vertige la barrière des justes lois... Mais allez donc verbaliser sur une grande route contre un chauffeur qui fait du 120 à l'heure !

« Le Petit Journal », 26 juin 1904.

Parfois, juste retour des choses, les gens des grandes villes retournent à la campagne, rebâtissent et défrichent : les agonies sont suivies de résurrection !

La paroisse est le pivot de la vie agricole : l'église regroupe autour d'elle les habitations et les nouvelles terres défrichées et mises en culture. Elle est placée sous la protection d'un saint qui est le patron du village et dont la fête donne lieu, chaque année, à des réjouissances diverses. La concentration autour du clocher est plus ou moins forte, mais ce qui ne varie guère, c'est l'agencement de la place centrale où église, mairie, école et café se côtoient : l'animation y est fébrile le dimanche, les jours de marché et de fête.

Les fermes sont étroitement liées à la vie des champs : leurs caractéristiques varient selon les régions en fonction du climat, de la nature du sol, de leurs activités et des systèmes de culture.

En règle générale, elles comprennent les bâtiments qui servent d'habitation, ceux qui permettent le logement du bétail (écurie, étable, vacherie, bouverie,porcherie, bergerie, poulailler et clapier), puis ceux qui assurent l'abri et la

Le chaume, beaucoup utilisé en Normandie et en Bretagne disparaît peu à peu en raison des dangers d'incendie.

transformation des récoltes (granges, hangars, remises, greniers, séchoirs, silos) et enfin les annexes pour le matériel agricole. Dans les régions viticoles, les dépendances s'adjoignent des cuveries, chais, celliers, caves. Dans les cours, trônent le puits ou la marre, la fumière, la fosse à purin…

Elles se caractérisent encore par leur simplicité et un souci d'économie : elles n'utilisent que des matériaux de construction spécifiques au pays afin d'éviter des frais de transport qui en grèveraient le coût. Elles sont, le plus souvent, peu élevées et s'étendent en surface : le terrain à la campagne ne coûtant pas cher, il est inutile, par conséquent, de construire des bâtiments en hauteur.

Ci-dessous à gauche : *Girmont (Vosges). L'église domine l'école et la mairie, centre du village.*
Ci-dessous à droite : *Fontenay-les-Brïis (Seine-et-Oise). Une cour de ferme.*

Installées sur le versant du soleil, les chaumières des monts d'Auvergne s'orientent vers la partie ouverte des vallées pour éviter les ombres des hauteurs voisines.

Les murs sont très épais car les matériaux ne sont pas toujours résistants et le liant (terre naturelle, plâtre, mortier maigre), quand il existe, est souvent de qualité très médiocre.

Les portes et les fenêtres sont d'assez petites dimensions ; linteau, appui, jambages sont en pierre du pays, en briques ou en moellons.

L'inclinaison des toitures diffère beaucoup selon les climats, l'abondance des chutes de neige, la force des vents dominants et la nature de la couverture.

Le chaume, encore utilisé en Normandie et en Bretagne, disparaît de plus en plus en raison des dangers d'incendie.

Les couvertures de pierres plates de laves, en raison de leur poids, exigent des murs épais qui, souvent d'ailleurs, ne résistent pas et se lézardent. Les tuiles (creuses, plates, romaines) et les ardoises les remplacent peu à peu.

La ferme jurassienne, large et trapue, sous sa grande toiture à larges bardeaux, abrite l'habitation, l'étable et la grange.

Parmi les bâtisses rurales les plus simples, il faut citer celles qui sont construites avec la terre même. Très économiques malgré l'épaisseur des murs, *les constructions en pisé* s'adaptent parfaitement au sol et au climat du Dauphiné, du Lyonnais et de la Bresse.

Les maisons *en carreaux de terre* se trouvent sur les sols crayeux de Champagne. Elles y côtoient des édifices plus riches, *à pans de bois et en torchis*, que l'on retrouve aussi en Picardie, en Artois, en Flandre et dans quelques coins de Normandie. En Alsace, les maisons sont à pans de bois sculptés, confortables et solides, souvent à plusieurs étages, couvertes d'un grand toit saillant très incliné, mais le rez-de-chaussée est toujours en grès des Vosges.

Enfin, la plupart des bâtiments ruraux sont édifiés à l'aide de matériaux naturels extraits de carrières caractéristiques de chaque région : c'est le cas du grès vosgien, en Lorraine et en Alsace ; du calcaire, en Ile de France et en Champagne pouilleuse ; du granit, en Bretagne et en Normandie ; de l'asphalte et de laves en Bourgogne, Jura et Auvergne ; du silex, du porphyre, des pierres meulières qui sont, la plupart du temps, recouverts d'enduits, de crépis et peints à la chaux.

En Lorraine, en Bourgogne, dans le Berry, comme dans toutes les régions de plaines et de collines, les villages sont bien modestes.

Les fermes lorraines, accolées les unes aux autres, le long de la route, sont précédées d'une sorte de large trottoir, appelé *parge* ou *usoir*, où s'entassent le tas de fumier, le bois de chauffage et le matériel agricole.

Seranville (Meurthe-et-Moselle). Les fermes sont réduites à un seul bâtiment, tout en profondeur. La mitoyenneté économise à chacun un mur !

Girovillers (Vosges). La rue principale et l'usoir, larges de plus de 30 mètres, où s'entassent fumier, bois et matériel.

En Savoie, les balcons couverts en bois abritent les récoltes et protègent les façades contre le vent et la neige.

Dans les régions montagneuses du Massif central, de l'Ardèche, des Alpes-Maritimes, d'Auvergne, les villages de pierre sont solidement arrimés aux pentes escarpées, les maisons se serrent les unes contre les autres, dans des positions stratégiques. Nombre de ces villages existent toujours, d'autres, abandonnés, dressent toujours leurs ruines sur les pitons rocheux.

Les fermes en moellons de schiste et d'ardoises ont un aspect austère. L'étable, surmontée de la grange, à laquelle les charrettes accèdent par un plan incliné utilisant la pente du sol (comme dans les Vosges ou la Savoie) et la maison d'habitation, dont le sous-sol de plain-pied abrite les légumes et la porcherie, sont disposées en équerre. L'habitation compte une grande cuisine et une chambre accessible par un escalier extérieur et un balcon couvert qui sert de couloir.

En Savoie, à mesure que la neige libère les grands versants, la lente montée des gens et des troupeaux commence : ces déplacements verticaux règlent l'habitat dans les montagnes.

Une même famille peut posséder plusieurs chalets qui jalonnent les étapes de la vie pastorale. Les plus élevés, jusqu'à 2 500 mètres, sont les plus rudimentaires. Les plus jolis ont les fondations en maçonnerie, tout le reste en sapin. La partie habitée, marquée d'une rangée de petites fenêtres, est située au-dessus de la cave où sèche le bois et au-dessus d'une vaste grange, munie d'une galerie-séchoir pour les récoltes. Sur une façade latérale s'ouvre la *portina*, galerie extérieure garantie des rafales par une cloison de planches verticales.

Dans la Beauce, l'Artois, le Vexin, la Picardie, le Cambraisis, tous les ruraux sont réunis en gros bourgs, autour des clochers ou des rares sources.

L'influence des eaux sur le peuplement rural et les groupements humains est très importante, surtout dans les régions d'élevage.

En Limousin, le climat, grâce au vent d'ouest, est très humide. Les sources y abondent : à Bourganeuf, il y a un puits pour 5 habitants ; Châteauponsac possède 150 sources ; les 46 hameaux de la commune d'Eyjeaux comptent 190 maisons et 100 puits ; à Saint-Paul, il y a 300 puits pour les 76 petits hameaux et leurs 1 580 habitants.

Outre les cultures, les prairies entourées de haies et de chênes donnent à la campagne un aspect de bocage.

La *grange-étable* regroupe dans un seul bâtiment deux étables latérales séparées par un couloir pour le foin, les betteraves, les charrettes. La façade est percée de trois portes : une grande pour les véhicules et deux petites pour les gens et les animaux. Autour d'une cour ouverte, se trouvent la maison d'habitation, assez rustique, l'*ouche*, le *coudert ou baradis* où vivent les volailles et les porcs, le séchoir à châtaignes. A proximité, trônent la fontaine et le fumier.

Dans les Cévennes, dans le pays de Bray, de la Bresse, du Perthois, de Champagne, les habitants sont groupés en hameaux perdus au milieu des landes et des prés, au centre des cultures. Dans le Santerre, le Cambraisis, les ruraux se groupent le long des routes, en villages entourés d'arbres et de vergers.

Le nom des villages

Les villages empruntent leur nom à la végétation, à l'élevage et au bétail, à la faune, aux terres, aux forêts, à l'hydrographie, aux appellations données aux habitations, aux situations climatiques. Leurs racines étymologiques peuvent être celtiques, gauloises, latines, bretonnes, germaniques, basques, ibères… Pour qui sait faire parler les mots, que d'informations et d'histoires !

La fougère
Feugerolles, Fougeray
Le jonc :
Jonzac, Joncquière, Genest, Genetay
Le tilleul : Le Thillot, Thieux, Tilloux, Le Teil
Le saule : Sauzet, Saussoy, Sauzède
Le roseau : Rosières, Roselieures
Le charme : Charmois
La chèvre : Cabrières
La vache : Vacquières
Les terres : Les Essarts, La Friche, Les Sèches, Les Roches, Les Crachottes (Marais)
Les mines : Argentière, Ferrières, Plombières
Le passage d'animaux : Les Corbeaux, Cantemerle, Le Pré au Loup.

La ferme de Beauce abrite autour de la maison d'habitation les écuries, les hangars, les ateliers, les logements du personnel et les granges.

Dans les pays de bocage de Normandie et Bretagne, le climat suffisamment humide y entretient une végétation drue et variée. Les petites maisons basses sont protégées par des levées de terre sur lesquelles poussent des hêtres, dot de la fille. Elles sont éparpillées au milieu des haies et des pommiers, bien masquées par la verdure où s'y côtoient les vaches et leurs veaux, les oies et les canards, les porcs et les volailles. Les bâtiments de la ferme sont d'un seul tenant : maison d'habitation, grange, étable se suivent en ligne droite. Les murs ouest et sud sont protégés des vents et de la pluie par des *essaintes*, minces plaquettes de bois. Dans le pays de Caux, habitation, grange, pressoir, étable, four, construits de torchis, sont dispersés dans l'herbage.

> Evidemment, depuis bien des années déjà, des conditions nouvelles survenues dans l'industrie du bâtiment, ainsi la création de grandes fabriques fournissant au monde entier des menuiseries à la grosse, tendaient à uniformiser l'aspect des constructions d'un bout à l'autre du pays. Une certaine perversion, un penchant vers la fausse et prétentieuse élégance, un snobisme du pire aloi, dont nous voyons les ravages surtout dans nos banlieues, de Dunkerque à Perpignan et de Nancy à Brest, avait gâté et ravalé le goût public. Une planche très éloquente

« L'Illustration », 26 janvier 1918.

Dans la Brie et la Beauce, en Flandre, les fermes fuient les bords des routes : elles sont isolées au milieu de leurs champs, avec leurs propres chemins d'exploitation. Du dehors, les grands murs n'offrent à la vue que le portail, parfois surmonté d'un pigeonnier ou d'un beffroi, et quelques rares fenêtres. La vie est complètement tournée vers la grande cour intérieure entourée sur ses quatre côtés par les bâtiments d'exploitation et d'élevage.

La *bourrine* vendéenne, comme la plupart des fermes de Lorraine, des Ardennes, de Franche-Comté, des Pyrénées, est une demeure rurale simple ne renfermant, la plupart du temps, qu'une pièce avec poulailler et petite étable accolée. Les plus riches s'adjoignent un grenier à l'étage.

L'*etche* basque comprend un seul bâtiment encapuchonné sous un vaste toit. La grande façade blanche, dont le linteau rappelle la mémoire des fondateurs, donne accès à l'habitation, à l'étable, à la grange et aux installations agricoles. L'habitation se prolonge souvent au premier étage soutenu par des poutrelles apparentes peintes en ocre, parfois elle occupe aussi un deuxième étage avec balcon.

Dans d'autres régions, comme le Nord, les Flandres, le Pays de Bray, le Perthois champenois, les habitants utilisent, depuis longtemps déjà, des matériaux artificiels que le développement de certaines industries tend à vulgariser : les teintes rouges variées de la brique cuite, la brique crue et la brique de laitier donnent aux bâtiments un aspect particulier.

Les adaptations aux progrès

La dévastation de nombreux départements français par suite de la Première Guerre mondiale, l'évolution rapide de la science agricole, de l'hygiène et du machinisme entraînent des changements radicaux dans les nouvelles conditions culturales, dans l'édification ou dans la reconstruction des fermes.

Adaptation au machinisme

La crise de la main-d'œuvre et les progrès de la motoculture apportent à la ferme tout un matériel nouveau de tracteurs, treuils, charrues qui s'ajoutent à l'arsenal des machines de culture, de récolte, de battage, de transformation. Il faut donc posséder des hangars et des abris vastes et suffisants. Aux murs, vont s'accrocher les arbres de transmission, les poulies de renvoi, les consoles, les monte-charge… Au sol, se fixeront les socles des moteurs et des dynamos, les rails.

Adaptation aux nouvelles conditions culturales

« La Vie à la campagne », novembre 1924.

La spécialisation représente l'avenir. La culture intensive des betteraves sucrières et des céréales nécessite l'extension des granges, des hangars, des silos, des remises à machines, des quais à grains.

L'élevage intensif des bêtes de boucherie ou la production de lait entraînent l'agrandissement des étable, bergerie, vacherie, porcherie, laiterie et la disparition des hangars et des écuries.

A la place de la ferme ancienne, naît une *usine-agricole*. Dans les grandes fermes de la Beauce, de la Brie et des Flandres, l'immense cour intérieure pavée, est entourée sur les quatre côtés par les granges pour le lin, la luzerne, la paille, le blé et l'avoine ; les écuries, les bergeries, les hangars à machines agricoles, la forge, la maison d'habitation des maîtres et les logements du personnel. On y trouve souvent une distillerie, une sucrerie, une laiterie ou une beurrerie, parfois même une fabrique de conserves de petits pois. Le nombre de vaches et la dimension du tas de fumier indiquent l'importance de l'exploitation pour laquelle tout le village travaille !

HORRIBLE ACCIDENT AUX CHAMPS

Un enfant mutilé par une faucheuse

C'est aux environs de Thionville que s'est produit l'affreux accident qui fait le sujet de notre gravure. Un cultivateur du village de Ham-Haute avait fait récemment l'acquisition d'une faucheuse mécanique qu'il avait conduite lui-même aux champs. Sa femme devait lier les gerbes au fur et à mesure que le blé était coupé.

Pour ne pas laisser leurs trois enfants en bas âge seuls à la maison, les époux les avaient emmenés aux champs. L'un d'eux, âgé de trois ans, a pris peur devant l'attelage de la faucheuse et a voulu se mettre en sûreté près de son père. La machine était en pleine marche, et les râteaux ont fait tomber le pauvre bébé qui a roulé sous les couteaux.

« Le Petit Journal », 23 août 1908 – Les adaptations aux progrès occasionnent souvent de graves accidents.

INSTALLATIONS MODERNES
DE FERMES

AMÉNAGEMENT DE VACHERIES, ÉCURIES
PORCHERIES, BERGERIES, SILOS

LE MOMENT EST VENU DE COMMANDER VOTRE
DÉCHARGEUR de FOURRAGE
NE TARDEZ PAS A PASSER VOTRE ORDRE A LA
SOCIÉTÉ COMMERCIALE LAMBERT-RIVIERE
14, Rue de Miromesnil, PARIS (8e)

« La Vie à la campagne », 1er août 1925.

Adaptation aux règles de l'hygiène

Les ouvriers agricoles, logés jadis dans les écuries ou les étables, demandent avec raison plus de confort et de bien être, un logis séparé, propre, éclairé, meublé où ils peuvent se reposer, se nettoyer et ranger leurs effets personnels.

Pour l'exploitant, il n'est plus possible, comme cela s'est fait longtemps en Bretagne, de tolérer sous le même toit et sans aucune séparation intérieure, l'étable, l'écurie et la cuisine.

Les animaux, eux aussi, doivent être mieux abrités. Sur les poutres des étables et des écuries reposaient des gourdins qui recevaient la paille et le fourrage. La poussière et les débris tombaient dans les yeux des bêtes et les fourrages s'altéraient par les émanations des fumiers rarement vidés. Il faut des plafonds, donner libre accès à l'air et à la lumière. Il faut que les fumiers des étables puissent être conduits rapidement à la fumière, que les purins puissent s'évacuer, que les animaux et les machines puissent circuler aisément et sans gêne dans le travail. Il faut, enfin, supprimer tous les recoins qui, à la campagne, deviennent généralement un dépotoir et un nid à microbes et à mouches.

La vie quotidienne dans la société rurale

Le logement

Il semble impossible, dans certaines régions, que le cultivateur loge ailleurs qu'avec ses animaux, le bouvier ailleurs que dans un coin de l'étable, le charretier ailleurs que dans un coin de l'écurie…

Pour mettre fin aux abus, la loi du 31 juillet 1929 interdit de faire coucher le personnel dans les locaux servant au logement des animaux.

Dans les Landes, comme en Bretagne, animaux et paysans partagent parfois la pièce commune.

Le logement des cultivateurs est très simple et très peu confortable. Une vaste pièce appelée la *maison* sert de cuisine, de chambre à coucher et de salle de réception ; au sol, de la terre battue, un pavage de briques ou de pavés épais.

Il se complète parfois d'une ou plusieurs petites chambres blanchies à la chaux et à plusieurs lits de bois.

Le fournil est souvent combiné avec la buanderie et l'arrière-cuisine, dans laquelle sont effectués les gros travaux ménagers. On y trouve le garde-manger et les tonneaux de vin ou de cidre.

Les escaliers, sans contre-marche, ressemblent à des échelles de meunier.

Salle commune et chambres des fermiers donnent sur la façade principale la mieux orientée. Les chambres des servantes et les pièces de service prennent jour sur la façade postérieure.

Dans beaucoup de fermes, les hommes et les femmes couchent pêle-mêle sur la litière de ces dortoirs communs, et cette promiscuité de la couchée est loin d'être sans danger pour la vertu hélas ! chancelante des moissonneuses.

« Fémina », 15 août 1903.

Le mobilier et les objets de table

La *maison* contient les meubles et les ustensiles essentiels d'usage journalier.

La grande table longue, épaisse, souvent en chêne, est placée près des fenêtres, rarement au milieu de la pièce. Les hommes et les invités sont assis dos au mur sur des bancs sans bras mais parfois avec dossier ; en face d'eux, prennent place les domestiques et les personnes chargées du service de la table. Le maître de maison se trouve toujours au bout, face à la porte d'entrée.

L'emploi de la table ventrue, appelée *pétrin*, est fréquent, notamment en Lorraine : *on y faisait la pâte pour le pain et on s'y asseyait les fesses en arrière pour ne pas coincer ses genoux sous son ventre.*

La chaise n'apparaît dans les inventaires qu'en 1870. La plupart du temps, elle est réservée aux aïeux. Quant aux fourchettes et aux couteaux de table, ils ne deviennent d'un emploi fréquent qu'au début du XXe siècle.

Sur le côté opposé, le *buffet-vaisselier-huche à pain* accompagne presque toujours l'horloge.

Coutumes de mariage au Pays basque : des chars à bœufs emportent la fiancée et son mobilier jusqu'au domicile conjugal.

« La Vie à la campagne », mai 1930.

La grande cheminée tient la place la plus importante : elle est garnie de tous les ustensiles usuels (les grils, les poêles à frire, casseroles à queue, bassinoires, louches et écumoires) et de la boîte à sel, afin que son contenu ne prenne pas l'humidité ; les chandeliers, crucifix, vases, s'alignent sur la tablette dominant l'âtre. A la crémaillère cuisent, côte à côte, la soupe du paysan et la nourriture du cochon.

C'est là que les vêtements sèchent et que le vieillard, tout en tisonnant avec les pinces, entretient le feu et réchauffe ses membres glacés par l'âge.

En été, les cuissons se font sur un fourneau de fonte ou en carreaux de faïence, appelé *potager*. Sous une fenêtre, trônent la *pierre à eau* et l'*égouttoir*.

Linges et effets, placés autrefois dans des coffres massifs puis dans un placard aménagé dans le mur, trouvent leur place dans de magnifiques armoires sculptées. La vie s'y trouve symbolisée par le pain, le vin, des fruits ou une corbeille de fleurs ; la famille et l'abondance par un nid ; l'adversité par deux serpents ; l'amour par un cœur et des initiales entrelacées.

Pièces essentielles du jeune ménage rural, le buffet et l'horloge sont fournis par le fiancé, tandis que l'armoire, le trousseau de linge et le lit nuptial sont amenés par la fiancée…

Lorsque le cultivateur est un peu plus aisé, les chambres supplémentaires comportent une commode, une bonnetière, une table de nuit, une glace, des images coloriées et parfois un baromètre, une ou plusieurs armoires et le lit.

Lit fermé ou couche close par des rideaux, il s'avance légèrement au milieu de la pièce. Meuble fondamental, sanctuaire dans lequel le paysan goûte un repos bien gagné, la valeur du lit dépasse celle du reste du mobilier.

En Alsace, la veille du mariage, la fiancée, le lit conjugal, l'armoire et le trousseau sont amenés en grande pompe jusqu'au domicile conjugal : chevaux et charrettes sont largement fleuris et enrubannés.

Les repas quotidiens

Trois fois par jour, le pain d'orge ou de seigle, coupé en larges tranches et arrosé de soupe, est la nourriture de base.

Chaque région de France a bien sûr ses us et coutumes, ses traditions… Mais la gastronomie de l'époque s'appuie sur des généralités. Le menu varie peu. Cuisinée avec les légumes locaux produits à la ferme et récoltés selon les saisons, la soupe aux choux, la soupe au lard, la brejaude limousine, la potée lorraine, l'aïoli provençal ou la garbure gasconne reste la nourriture quotidienne.

Ce n'est qu'au début du XXe siècle que la soupe est parfois remplacée par un ragoût, un lapin en civet, une omelette, une viande en daube ou un pot-au-feu.

L'hiver, il y a trois repas à base de soupe le matin, le midi et le soir ; très épaisse, elle constitue souvent le seul repas complet. De temps en temps, elle est remplacée par des bouillies de maïs, de gruau ou de farine de blé. A la veillée, *« on trempe du pain dans du vin rouge mélangé d'eau sucrée, on casse des noix, on cuit des gaufres et on boit de la piquette… »*.

Pendant les longues journées d'été, les gros travaux des champs nécessitent de se restaurer souvent et la population rurale fait généralement cinq repas par jour : *« Le déjeuner, vers 4, 5 ou 6 heures, rompait le jeûne de la nuit ; le casse-croûte suivait vers 7 ou 8 heures ; le dîner était plus ou moins tardif ; une collation ou buvette donnait un coup de fouet au milieu de l'après-midi ; le souper vers 8 heures du soir était le dernier repas de la journée. »*

Le déjeuner et le casse-croûte sont pris au foyer, sur le pouce : le pain d'orge ou de seigle en est la nourriture de base. Il est servi tel que ou, coupé en larges tranches déposées au fond de l'écuelle, il est arrosé de soupe. Les autres repas se prennent aux champs où les travaux agricoles – les foins, les semailles, les moissons, les piochages – retiennent les paysans. La maîtresse de maison ou un enfant apporte le repas dans un panier à provision : la soupe ou les pois, les cochonnailles, des œufs durs, du fromage. Il en est de même vers quatre heures, pour la collation ou goûter : *« Un gros goûter avec un fricot de haricots, du saucisson, parfois un gâteau ou une tarte et deux litres de vin coupé d'eau. On restait dehors tant qu'on y voyait : on soupait, mais c'était léger ; on buvait un coup et on allait au lit, on n'en pouvait plus… »*

Recette de la piquette

« Après avoir pressé le marc du raisin rouge, on le foule avec soin dans des tonneaux. On les ferme hermétiquement afin que l'air et l'humidité ne puissent passer. Ces tonneaux sont placés dans un lieu sec et frais. Au moment de préparer la piquette, on défonce au fur et à mesure les tonneaux, on y verse de l'eau pour recouvrir complètement le marc. Il s'établit une fermentation qui s'annonce par une légère écume et se termine au bout de quatre ou cinq jours. Dès ce moment, on peut soutirer par le bas pour fournir à la boisson journalière, et on remplace ce liquide par une égale quantité d'eau que l'on verse par-dessus. De cette manière, un tonneau de marc d'une capacité de 250 litres peut fournir 15 litres de boisson par jour et ne cesse de la donner bonne qu'au bout d'une vingtaine de jours. » (*La Famille*, n° 256 du 31 août 1884.)

Le goûter des moissonneurs.

Les repas de fête

Pour la fin des moissons et des vendanges, l'atmosphère des dîners et des soupers est à l'abondance de mets et de grivoiseries.

Partout, il y a abondance de viandes et de volailles, mais chaque région a ses mets spéciaux : les *gaufres* dans la Haute-Marne ; les *rissoles* en Savoie et dans le Dauphiné ; la *brioche* en Beaujolais ; le *paipai*, bouillie au lait de millet, et les *gaudes* en Franche-Comté et en Bresse ; la *greïle*, omelette au lard, en Ardèche ; les *fromages de lait caillé* dans la Mayenne…

Pendant le *repas de cochon* qui suit d'une semaine l'abattage, quand on mange *le frais,* le boudin et le rôti, le ton est à la paillardise.

Les moments marquants du couple, de la vie à la mort, donnent lieu à de copieux repas de famille.

Les repas de fiançailles sont volontairement modestes car, *« ce qui se noue à cette occasion peut se défaire : le passage n'est pas définitif ».* Le repas de funérailles est modeste, lui aussi, mais pour d'autres raisons : certains mets comme les rôtis et les desserts sucrés ne doivent pas y figurer.

Pour la communion, un mariage, pour la fête du village, à Pâques ou à Noël, le repas de fête comprend de six à sept plats de viande et de volaille : les préparatifs sont entrepris longtemps à l'avance : on tue même le veau, on prend la moitié d'un bœuf, on chauffe le four deux jours de suite pour cuire le pain et les brioches, les pâtés ou les tourtes. Les tables sont dressées dans une grange décorée pour la circonstance, les nappes blanches du trousseau sont sorties ainsi que la belle vaisselle, souvent empruntée à la famille ou aux voisins, car le matériel manque…

La boisson normale comprend du vin, de la bière, du cidre, et le repas de midi se complète par du café.

Ci-dessus :
Pendant les battages : le repas des moissonneurs.

MÉSAVENTURE TRAGI-COMIQUE ARRIVÉE A UNE NOCE

Au moment où tous les convives chantaient, un craquement se fit entendre. Le plancher de la pièce, située au premier étage, s'effondrait. Toute la noce fut précipitée dans une étable qui se trouvait au-dessous.

La mariée tomba à califourchon sur une vache qui, effrayée, rompit ses liens et s'enfuit à travers champs.

À droite :
Un plancher s'effondre : les invités sont précipités dans une étable. Une vache affolée emporte la mariée sur son dos. « Le Petit Journal », 12 janvier 1908.

Le dimanche à la ferme

A la sortie de la messe s'échangent les dernières nouvelles du village…

Dès l'aube, les hommes s'activent plus lentement que d'habitude auprès des bêtes au repos dans l'étable et l'écurie. Tout le monde semble savourer avec satisfaction ce jour chômé…

Pendant ce temps, les maîtresses de maison préparent le pot-au-feu ou le ragoût qui mijotera tout le matin, au coin du feu, jusqu'au retour de la messe.

Puis, hommes et femmes font leurs ablutions dominicales.

Le fermier accroche le miroir à la clenche de fenêtre de la cuisine, au-dessus de la *pierre à eau* : il fait mousser le savon à barbe dans le pot de faïence et procède au rasage méthodique avant de passer la chemise de grosse toile blanche et l'habit-veste des jours de fête. Femmes et enfants *s'endimanchent* ; puis le petit-déjeuner pris sur le pouce ; le missel sous le bras, la bande prend le chemin de l'église carillonnante.

Les hommes se dirigent aussi vers la paroisse, ils se retrouvent par petits groupes, parlent affaire et argent, ralentissent le pas : certains animés de moins pieuses intentions que leurs épouses, gravissent les marches du café du village dont la salle est déjà enfumée ; les autres les rejoindront à la sortie de la messe pour vider une bouteille et jouer aux cartes…

Après avoir entendu l'office, les femmes s'attardent sous le porche de l'église et récoltent les dernières nouvelles du village ; puis, d'un pas lent, elles vont au cimetière, s'arrêtent sur des tombes qu'elles fleurissent, marmonnant rapidement quelques prières.

Le pas se fait rapide pour regagner la ferme où les habits du dimanche sont remis dans l'armoire avant que la grande table massive ne soit préparée pour le déjeuner. Parfois, agacées, les épouses envoient les enfants chercher ceux qui s'attardent au café du village, autour d'une dernière tournée…

Si le temps est beau, chacun s'active à une tâche facile au potager, au verger ou dans la maison. En hiver, les hommes se retrouvent au café où ils partagent leur temps entre boissons, tabac et jeux de cartes.

« Le Voleur Illustré », 17 août 1893.

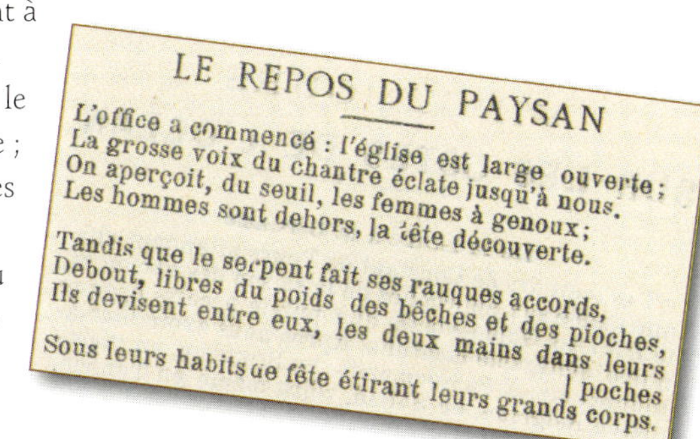
LE REPOS DU PAYSAN

L'office a commencé : l'église est large ouverte ;
La grosse voix du chantre éclate jusqu'à nous.
On aperçoit, du seuil, les femmes à genoux ;
Les hommes sont dehors, la tête découverte.

Tandis que le serpent fait ses rauques accords,
Debout, libres du poids des bêches et des pioches,
Ils devisent entre eux, les deux mains dans leurs poches
Sous leurs habits de fête étirant leurs grands corps.

Tricot, dentelle, travaux manuels divers et chansons font partie des activités du dimanche.

Les veillées

Elles se tiennent de la Toussaint à mars, les fêtes de Pâques servant de limite.

La cheminée, lieu sacré, est la base même de la *maison* : autour d'elle se groupent, la famille et parfois les voisins, gens des deux sexes, âgés au moins de 14 ans. Large, haute, profonde, elle peut abriter sous son vaste manteau une ou deux personnes de chaque côté du feu.

Les veillées ont souvent le travail en commun pour prétexte. En montagne, elles permettent de ménager la lumière et le chauffage. En hiver, les amoureux s'y rencontrent…

Sur le banc-coffre, près du foyer, se tiennent les vieux. Pour les autres, c'est la nécessité de la lumière qui en détermine les places. Au premier rang, s'installent les couseuses et les dentellières, au second les fileuses, au troisième les tricoteuses. Les jeunes filles brodent leur trousseau.

Les hommes remplissent l'espace autour : ils s'occupent à la confection de râteaux, manches de faux ; ils réparent des paniers d'osier tout en fumant la pipe et en chiquant le tabac.

La maîtresse de maison prépare du vin rouge amélioré d'un verre d'eau-de-vie, de clous de girofle et de peaux d'orange.

Les conversations sont animées, souvent en patois : dans les Vosges, *on fait le cwâro-ye (couarail), tout en buvant un petit coup, en mangeant une pièce de tarte ou des gaufres.*

Chacun y va de sa chanson, de son ragot, de son histoire de sorcière ou de démon…

Il arrive que les jeunes gens poursuivent les veillées au hasard des bottes de foin ou de paille, dans les granges ou les écuries. Dans le Jura, le Doubs, les Alpes, en Vendée, en Auvergne et en Savoie, un vieux dicton affirme que *« jeunes galants dans les veillées sont comme le renard avec les poules ».*

L'enfance au village

Elèves et instituteur posant devant l'école de Lamerey.

Dès qu'ils peuvent marcher, les enfants passent leur journée dehors, jouissant d'une pleine liberté, de vagabondages sans fin : la cour de la ferme et la campagne tout entière servent de cour de récréation en toute saison.

De 4 à 8 ans, ils vivent dans une intimité fraternelle avec toutes les bêtes ; tout leur sert d'amusement : un paquet de chiffons grossièrement modelé sert de poupée pour les filles ; une planche et une ficelle devient chariot pour un garçon ; quelques joncs tressés forment une cage pour hannetons ou sauterelles…

Au cœur de l'hiver, ce sont les glissades sur la glace des caniveaux ou des rues en pente, sur une vieille planche ou accroupis sur les talons des sabots.

A la huitième année, la liberté et l'insouciance prennent fin avec les devoirs du catéchisme et de l'école, les retenues et les six heures de classe par jour, avec la garde des troupeaux et le travail des champs.

Cour de ferme et cour d'école sont pour les enfants des lieux de récréation en toutes saisons.

Beaucoup d'enfants ne connaissent l'*écolage* que pendant les mois d'hiver et à partir de la préparation à la première communion : très tôt, avec les femmes, ils participent aux travaux de la ferme et à la garde des troupeaux.

Comment échapper à l'emprisonnement scolaire et aux punitions ingénieusement variées qui vont de l'agenouillement simple dans un coin de la classe à l'agenouillement avec les bras en croix ; la règle lancée par le maître au pied du bavard qui la rapporte piteusement en tendant la main, attendant le bon coup sur les doigts ? L'instituteur est le plus souvent d'origine modeste : paysan, fils de famille nombreuse, la connaissance acquise est due au hasard de la lecture, du calcul et de l'écriture ; ces règles élémentaires en font un savant. Pendant la récréation, les malchanceux qui ont bavardé trop haut ou qui n'ont pas su leur leçon, arrosent et balayent la classe, effacent les tableaux, remplissent les encriers et le fourneau…

Leurs corps et leurs esprits s'étiolent jusqu'à ce que l'adolescence succédant à l'enfance, ils rêvent d'émigration vers la ville : ils rêvent d'y devenir employés, instituteurs, servantes ou femmes de chambre !

Curé et instituteur se disputent l'éducation des enfants…

7e année. — N° 310. 10 centimes. 2 février 1895.

LE
Petit Français illustré
JOURNAL DES ÉCOLIERS ET DES ÉCOLIÈRES

L'ABONNEMENT : UN AN, SIX FRANCS
Part du 1er de chaque mois.
Armand COLIN & Cie, éditeurs
5, rue de Mézières, Paris
ÉTRANGER : 7 fr. — PARAIT CHAQUE SAMEDI
Tous droits réservés.

Le petit monôme.
D'après une photographie communiquée par un abonné du *Petit Français illustré*.

La lessive

« Les Poules d'eau » : le bruit de leurs battoirs n'étouffe pas celui de leurs caquetages !

La lessive, une affaire de femme...

Dans les campagnes, posséder beaucoup de linge n'est pas un luxe : nappes, draps, serviettes, torchons, taies d'oreiller et chemises s'empilent par plusieurs douzaines dans les immenses armoires sculptées. En effet, la plupart du temps, les grandes lessives ne se font que deux ou trois fois par an.

Ces jours-là obéissent à un cérémonial quasi ancestral où seules les femmes sont admises. Que les hommes ne se hasardent pas parmi elles, que les enfants ne se mettent pas dans leurs jambes !

Pendant des mois, les cendres de bois sont soigneusement tamisées et emmagasinées.

La bonne ménagère commence par *entasser* le linge par couches serrées dans un vaste cuveau ventru et procède au *trempage* méthodique de chaque couche successive à l'eau froide et claire.

Puis, lorsque le cuvier est plein, il est recouvert du *charrier*, appelé ailleurs *cendrier*, grosse pièce de toile rude sur laquelle un épais lit de cendres est soigneusement réparti. Les pans en sont repliés jusqu'au lendemain.

Trempage du linge dans le cuveau.

7e année. — N° 303. 10 centimes. 15 décembre 1894.

LE

Petit Français illustré

JOURNAL DES ÉCOLIERS ET DES ÉCOLIÈRES

L'ABONNEMENT : UN AN, SIX FRANCS Part du 1er de chaque mois. | Armand COLIN & Cie, éditeurs 5, rue de Mézières, Paris | ÉTRANGER : 7 fr. — PARAIT CHAQUE SAMEDI Tous droits réservés.

Dès leur plus jeune âge, les fillettes sont initiées aux rites de la lessive.

Au petit matin, c'est le *coulage* : opération longue et fatigante. L'eau chaude du gros chaudron pendu à la crémaillère ou de la grande chaudière, est versée tout doucement : elle traverse les cendres et le linge, puis elle est recueillie, en bas du cuveau, par la bonde ouverte ou par un robinet, dans une *seille* ; elle est reversée dans la chaudière où un feu de fagots la maintient à une température égale. Ce coulage se répète autant de fois qu'il est nécessaire : son efficacité dépend de la science et de l'expérience de la couleuse !

La journée du coulage est suivie de celle du lavage, au lavoir communal ou au ruisseau. Le linge y est savonné et foulé, trempé, rincé et tordu.

Toutes les bonnes langues du village y jasent et babillent : le bruit du *battoir* n'étouffe pas les rumeurs et les propos salés.

Chaque femme apporte avec elle son *bachot* ou son *carrosse*, bourré de paille, sur lequel elle s'agenouille, en arrière de la planche à savonner. Un petit rempart de bois la protège des éclaboussures et de l'humidité.

Le rinçage soigneusement effectué, les prés voisins offrent leurs espaces libres pour le séchage du linge au soleil. Des cordes sont tendues entre deux arbres : jupons, chemises, serviettes y flottent comme des bannières pendant que les cancans fusent entre deux rangs de tricot… Après quoi, les lessives sont replacées sur les brouettes et ramenées à la maison pour y être repassées, pliées et rangées dans les grandes armoires.

« La Vie à la campagne », janvier 1925.

La population & la main-d'œuvre agricoles

La chute de la population rurale s'accélère à partir de 1846 : les habitants des communes de 2 000 âmes et au-dessous représentent encore 75,6 % du nombre total des habitants de la France. Cette proportion descend à 59,1 % en 1901. Si l'on s'en tient à la population purement agricole, on constate qu'en 1861, elle constitue 53,1 % de la population totale et que ce rapport s'abaisse à 45,5 % en 1891, 43,8 % en 1906.

En 1916, la Maison et le Travail aux champs naît dans le but de faire revenir à la campagne les anciens paysans, déserteurs de la terre et qui réussissent mal

Un chantier de battage réunit fermiers, ouvriers et voisins.

« La Vie à la campagne », janvier 1922.

dans les villes, ce qui n'empêche pas le pourcentage de population purement agricole de tomber à 38,3 % en 1926.

De 1892 à 1929, 1 756 300 foyers agricoles disparaissent.

Plusieurs causes sont à l'origine de la dépopulation des campagnes : le chemin de fer qui facilite l'attrait de la ville ; la recherche de l'aisance ; l'essor de l'industrie et du travail manufacturier qui engendrent l'élévation des salaires correspondants ; le développement de l'instruction et par voie de conséquence la poussée vers les emplois publics et les carrières libérales ; la généralisation du service militaire, pendant lequel les jeunes gens s'habituent à la vie urbaine et désaffectionnent la vie rurale…

A cela s'ajoute l'affaiblissement de la natalité qui s'explique par la diffusion du bien-être : « *Il est certain que beaucoup de jeunes paysannes ont pris des goûts de luxe, leurs économies sont absorbées par les toilettes et les afflutiaux. Un bébé devient un trouble-fête, il coûte trop cher…* », commente *L'Illustration* de 1919.

Quant aux journaliers et domestiques de ferme, leur nombre en baisse s'explique par le développement de l'outillage mécanique qui, par contre, améliore considérablement le sort des chefs d'exploitation qu'ils soient propriétaires, fermiers ou métayers.

La main-d'œuvre agricole désigne tous les individus travaillant sur une exploitation : elle comprend le chef d'exploitation, sa famille, qu'elle soit salariée ou non, ainsi que les employés permanents ou occasionnels.

En 1911, sur 8 517 000 agriculteurs recensés, il y a 3 297 766 ouvriers.

Paysans corses de retour au village.

Dans les régions pauvres, mari et femme assurent seuls les travaux des champs.

La main-d'œuvre familiale

Elle est capitale et prépondérante dans la majorité des exploitations. Les femmes entretiennent et nourrissent la basse-cour, assurent le ménage, les lessives et les travaux de laiterie. Dans les régions pauvres, elles assurent activement les travaux des champs.

Les enfants participent à la garde des troupeaux, à la cueillette de certains produits et aux travaux de récolte, en dehors et même souvent pendant les heures de fréquentation scolaire.

Les vieillards continuent à travailler jusqu'à ce que leurs infirmités les clouent sur un fauteuil ou au lit.

Le concours temporaire d'autres membres de la famille n'est pas à négliger surtout pour la fenaison et la moisson.

Le travail du maréchal-ferrant attise la curiosité des enfants.

Les petites cultures engagent des enfants de 13 à 14 ans et souvent moins âgés, pour une durée de 7 mois. Il est, dès lors, facile de comprendre toutes les difficultés qu'éprouve l'administration à faire donner l'enseignement obligatoire dans les campagnes. Au cours des cinq mois d'hiver, de novembre à mars, les enfants ne trouvent pas d'occupation rémunérée et fréquenteraient volontiers l'école ; mais le mauvais temps oblige à de nombreuses absences, dans les régions où les fermes sont isolées.

« Histoire des classes rurales en France », « La Revue Bourguignonne », 1909.

La main-d'œuvre française saisonnière et temporaire

Ces ouvriers temporaires sont appelés *journaliers* lorsqu'ils sont *loués* à la journée et *mesadiers* lorsqu'ils sont *loués* au mois. Les *louées* se font généralement dans les *assemblées* ou fêtes patronales. Certains villages pauvres ont la spécialité de fournir des ouvriers aux pays de plaines où les céréales abondent. Ils viennent souvent de loin, en bandes, et campent dans les granges.

Les Corréziens se répartissent en Limousin pour les travaux d'été, les Périgourdins vont en Gironde pour les vendanges, les Bretons partent en Picardie, en Beauce et en Normandie pour la fenaison et la moisson.

Les peigneurs de chanvre du Jura, appelés *pignards*, vont exercer leur profession, l'hiver, en Bourgogne, en Champagne, en Lorraine et en Alsace. Quant aux paysans du Morvan, ils restent dans leurs fermes d'octobre à décembre pour les semailles, en juin et en juillet pour les travaux de la ferme, du 15 août au 15 septembre pour les récoltes ; entre-temps, ils travaillent dans les bois en janvier et février, vendangent en Bourgogne du 15 septembre au 15 octobre. Certains d'entre eux, appelés *bœutiers*, vont vendre en Picardie des bœufs de travail et d'embouche : ils y restent quelques semaines comme domestiques de ferme. D'autres, appelés *galvachers*, se louent avec leurs attelages de bœufs en Lorraine et sur le plateau de Langres.

Des milliers de Lozérois et Cévenols moissonnent en été dans les plaines du Languedoc, taillent et greffent les vignes au début de l'hiver, les sulfatent au printemps, les vendangent à l'automne : ils travaillent en *bricoles* (équipes) sous la direction d'un *rammet* (chef) qui négocie et signe les contrats puis répartit les salaires. Cette main-d'œuvre provisoire compte, en 1911, 2 403 445 ouvriers. En 1929, ils ne sont plus que 1 062 278 dont 112 975 étrangers.

Journaliers et mesadiers sont loués pour les travaux des champs.

Journée de travail. La journée de travail est, en moyenne, de 10 heures par jour. En Juin, Juillet et Août, elle est de 10 h. 30; en Novembre, Décembre et Janvier, de 9 h. 30. Pendant les six autres mois, elle est de 10 heures. Quand la journée est de 10 heures, on travaille 5 heures avant midi et 5 heures après-midi. Le repos est de 2 heures en Été et de 1 h. 30 en Hiver pour le déjeuner. Quand la journée est de 10 h. 30, la demi-heure supplémentaire se fait le matin; quand elle est de 9 h. 30, la demi-heure supprimée tombe le soir. Les attelées doivent se faire sans interruption et sans casse-croûte. Les ouvriers doivent être présents aux quatre coups de cloche qui annoncent le commencement et la fin des attelées et régler leurs montres sur l'horloge de la cour.

« La Revue Bourguignonne », 1909.

En bas : ***Les cultivateurs de la Beauce et de l'Ile-de-France font appel aux soldats pour remplacer les « piqueteurs » belges devenus trop chers. « Le Petit Journal », 6 août 1905.***

La main-d'œuvre étrangère

Les saisonniers

Depuis 1820, la France compte sur l'immigration étrangère saisonnière pour trouver le complément de main-d'œuvre indispensable.

Les Belges fournissent la main-d'œuvre pour la moisson, l'arrachage des betteraves et du lin. Ils se concentrent surtout dans les régions à forte culture industrielle : l'Oise, la Seine-et-Marne, la Seine-et-Oise, l'Eure, le Loiret, le Nord, l'Eure-et-Loir, l'Aisne, la Somme, la Manche. Quelques-uns se répartissent aussi dans le Pas-de-Calais, la Côte-d'Or, l'Yonne, le Calvados et la Marne. En 1904, le Syndicat des émigrants belges estime à 25 000 leur nombre. En 1920, ils ne sont plus que 15 213 et en 1922, 13 293.

Elle siffle, la faux brillante !
Sa lame oblique est scintillante,
Au grand soleil de messidor ;
Des lourds épis c'est l'hécatombe ;
Le blé mûri s'incline et tombe,
Couvrant le sol d'un manteau d'or.

Les enfants, les femmes, les filles,
Tous viennent avec leurs faucilles ;
Adieu la ferme ou la maison !
Les grands'mères vont rester seules,
Tandis qu'on bâtira des meules,
Par les champs, jusqu'à l'horizon.

« Jardins et basses-cours », 1925

L'Italie expédie en France ses cultivateurs du Piémont, de la Lombardie, de la Ligurie et de la Toscane : ils se louent dans les fermes du Var, des Alpes-Maritimes, des Bouches-du-Rhône, du Vaucluse, de l'Hérault, du Gard, du Puy-de-Dôme. En 1920, ils sont 10 500 dont 8 400 hommes, 400 femmes et 700 enfants.

L'Espagne et le Portugal nous envoient en 1920, 41 400 ouvriers agricoles en provenance des provinces de Valence, Murcie, Alicante, Tarragone, Barcelone : ils se répandent en *coyes*, c'est-à-dire en groupes de plusieurs familles, dans les Pyrénées-Orientales, l'Aude, l'Hérault pour les vendanges et les travaux de terrassements et de défoncements.

Les Suisses s'embauchent comme vachers ou fromagers en Bourgogne, dans la Brie, en Franche-Comté, en Savoie.

Depuis 1905, 6 000 Polonais s'éparpillent en Lorraine, en Champagne et en Bourgogne : ils sont appréciés comme charretiers, conducteurs et mécaniciens de machines agricoles, bergers, ouvriers de distillerie et de sucrerie. La femme polonaise, très laborieuse, est recherchée pour la tenue des jardins et de la basse-cour, les travaux des champs et la traite des vaches.

Quelques ouvriers kabyles proposent leur service pour les moissons et les vendanges dans les Bouches-du-Rhône.

« Le Petit Journal », 6 août 1905.

EN FRANCE POUR LA MOISSON

Comme chaque année à pareille époque, les moissonneurs belges commencent à arriver en France pour la moisson.

Et, certes, il n'est point d'existence plus triste, de besogne plus harassante et plus impitoyable que celle des piqueteurs. Debout avant l'aube, leurs lames affûtées, ils travaillent jusqu'au brun soir. Les pieds chaussés d'épais sabots, pour éviter d'être blessés par les ricochets de leur faux, ils vont, les reins courbés, sous les feux du soleil d'Août. Les uns sont nus jusqu'à la ceinture ; d'autres, pour se donner une sensation de fraîcheur, glissent un crapaud dans leur poitrine, entre la chemise et la peau.

Le Logement défectueux des ouvriers agricoles est une cause puissante d'exode de la main-d'œuvre française.

Les paysans comptent chaque année sur les émigrants étrangers pour le complément de main-d'œuvre.

Les permanents

Ils se retrouvent dans les régions de grande culture. Les Hollandais et les Suisses sont peu nombreux mais offrent une main-d'œuvre spécialisée dans l'élevage ; ils se cantonnent dans les fonctions de maîtres vachers, laitiers, beurriers, régisseurs et demeurent dans les fermes ou les fruitières de l'Ain et du Jura. Les Italiens (45 000 permanents contre 5 000 saisonniers) restent dans le bassin méditerranéen où ils s'occupent surtout des cultures maraîchères, florales et viticoles.

Près de 70 000 ouvriers espagnols peuplent les pays viticoles de l'Aude, de l'Hérault et des Pyrénées-Orientales.

« Le Petit Journal Illustré », 28 juin 1908.
« Les 18 à 20 millions de salaires que les moissonneurs belges emportent chaque année en Flandre demeureraient dans nos villages si la condition du paysan s'améliorait comme celle de l'ouvrier des villes. »

Les colons étrangers

A partir de 1920, l'immigration perd son caractère provisoire. La plus grande partie de la main-d'œuvre permanente s'installe et devient *colon* propriétaire, fermier ou métayer.

En 1929, on compte 20 000 propriétaires, 14 000 fermiers et 10 000 métayers.

Ils exploitent 44 000 hectares dans l'Oise et dans l'Aisne, 41 000 dans le Gers, 30 000 dans le Lot-et-Garonne, 26 000 dans le Nord et les Ardennes, 25 000 dans la Somme, 23 000 dans la Haute-Garonne, 22 000 dans l'Eure, 21 000 en Seine-et-Marne, 18 000 dans le Tarn-et-Garonne, 15 000 dans la Seine-et-Oise et la Marne, 13 000 dans les Bouches-du-Rhône et le Var, 12 000 dans l'Aube, 10 000 dans les Pyrénées-Orientales et la Seine-Inférieure, soit au total 700 000 hectares !

Dans certains départements, le pourcentage des élèves étrangers dans les écoles rurales atteint 14 %.

Le transfert des ruraux français

Au lendemain de la Première Guerre mondiale, pour renforcer la main-d'œuvre rurale, le gouvernement tente de faciliter la colonisation des terres abandonnées par les ruraux venant de régions françaises défavorisées. L'expérience démarre dans le Sud-Ouest. En 1921-1922, 266 exploitations sont reprises par des familles bretonnes. Au total, 1 399 personnes se sont partagé 4 000 hectares en Dordogne, 677 dans le Tarn-et-Garonne, 1 266 dans le Gers, 2 139 dans le Lot-et-Garonne.

Salaires et gages

En nature ou en espèces, le salaire varie selon l'âge et le sexe.

Aucune règle ne fixe les salaires agricoles qui se débattent librement entre l'employeur et ses ouvriers. Ils sont en rapport avec l'âge, la force, l'habileté de l'ouvrier et la nature du travail.

Le *travail aux pièces* n'est pas inconnu en agriculture. Il est réservé au binage, démariage et arrachage des betteraves, à la coupe des prés, à l'épandage du fumier, à la tonte des moutons.

Certains ouvriers sont payés *au forfait*. C'est le système pratiqué dans les Flandres, en Picardie et dans les Causses pour les labours. Le *chef de brigade*, le *meneur de bande*, le *bandenier*, le *piqueur* arrive avec sa troupe, traite pour un prix déterminé et exécute la tâche conclue.

Dans l'arrondissement de Saint-Malo, l'usage de confier des travaux à forfait est très répandu : le prix de l'arrachage des pommes de terre est fixé par 50 kilos de tubercules ; le semis des betteraves en poquets et le binage à la houe à main sont fixés à l'hectare.

Il faut signaler aussi le *travail d'entraide* : les cultivateurs se prêtent gratuitement du personnel et les membres de leur famille pour exécuter les travaux de moisson, de fenaison, de battage, moyennant uniquement la nourriture, à charge de revanche. A noter que ce système a été développé par la loi du 3 avril 1943 qui établit pour chaque commune un *plan communal d'entraide*.

Les éléments du salaire

L'entraide au village : le commissionnaire.

Les journaliers sont payés à la journée. Tantôt le patron les nourrit, tantôt ils pourvoient eux-mêmes à leur nourriture.

Les permanents sont payés au mois : ils reçoivent une rémunération fixe et un certain nombre d'avantages en nature ou en espèces : prestations en denrées agricoles, champ à cultiver, primes, logement, nourriture…

Dans certaines communes du Cantal, on ajoute au salaire en argent quelques denrées en nature (fromage, beurre, etc.) et des objets de *vêture*.

En Dordogne, on donne aux hommes majeurs un salaire en espèces, 7 hectolitres de blé, 4 hectolitres de maïs en épis, 2 hectolitres de pommes de terre, 70 litres de haricots, 1 hectolitres de châtaignes, 15 litres d'huile de noix.

Les journaliers sont payés à la journée tandis que les permanents sont payés au mois.

Dans l'Eure, les charretiers touchent, en août, des primes pour la moisson auxquelles il faut ajouter les *pièces* ou *épingles* sur les animaux vendus et les pourboires reçus lors des livraisons.

Dans le Finistère, l'ouvrier des exploitations importantes est logé dans une maison appelée pen-ty et dispose de 30 à 80 ares.

Dans le Gers et l'Aude, les maîtres-valets reçoivent trois ou quatre barriques de vin, la moitié d'un cochon gras, la moitié de la volaille élevée par la maîtresse de maison, les légumes du jardin à discrétion, du sel, de l'eau-de-vie.

Les bergers du Pas-de-Calais sont autorisés à garder et à nourrir dans le troupeau une dizaine de brebis leur appartenant. Ceux du Haut-Boulonnais ont le droit de nourrir autant de moutons leur appartenant qu'ils ont de fois six bêtes dans le troupeau. Ils reçoivent en outre une petite prime par mouton vendu.

Dans les montagnes du Tarn, pendant la fenaison ou la moisson, la plupart des journaliers ne perçoivent pas de salaires mais en échange de leurs cinq à quinze journées de travail, ils reçoivent le prêt de bœufs pour transporter du bois ou des récoltes, et d'un champ appelé *table* où ils cultivent les pommes de terre. Les *estivandiers*, ouvriers de moisson ou de fauchaison, reçoivent le cinquième des fourrages ; le septième des céréales ; le sixième pour les haricots, fèves et maïs ; la moitié des melons et cultures maraîchères. Quant aux *brassiers*, occupés toute l'année, ils ont la jouissance d'un logement et d'un jardin contigu à la maison.

Bayonville : « Le maire, l'instituteur et leurs familles, nos enfants, nous aident aux foins. »

Coutumes & traditions

La fête patronale

C'est la *ducasse* dans le Nord, la *riotée* ou l'*apport* dans le Bourbonnais, la *vogue* dans le Dauphiné et la Savoie, la *fête votive* dans le midi, la *romeria* en Pays basque, la *frairie* en Saintonge et dans l'Angoumois, la *ballade* en Poitou, le *pardon* en Bretagne, l'*assemblée* en Normandie. C'est la *fête* tout court en Ile-de-France, en Bourgogne et dans l'Est. Une fête dure de deux à quatre jours ; pour la jeunesse, elle permet *le courtisement*. Ce jour-là, jour d'amusement et de ripaille, les parents et les amis du voisinage sont invités.

Pendant la semaine qui précède, les ménagères s'activent : elles pétrissent les pâtes pour les pâtisseries et les tourtes, s'empourprent autour des fours et fourneaux. Le plus beau coq et quelques belles poules grasses sont sacrifiées…

Sitôt le jour levé, le carillon des cloches secoue le village. Les hommes se rasent de près, passent une chemise blanche, endossent une blouse neuve ou l'antique habit de noce. Les femmes se montrent dans leur nouvelle robe, marchent lentement dans leurs chaussures neuves qui craquent à chaque pas. Les enfants, énervés, sont endimanchés.

La fête patronale à Agincourt (Meurthe-et-Moselle).

Pour la jeunesse, la fête et les danses permettent le « courtisement ».

Tout le monde va à la *grand-messe*. L'église est bourrée d'un auditoire souvent distrait qui écoute avec impatience le sermon du curé qui recommande, fort inutilement, de s'abstenir de danser et de céder aux plaisirs profanes. La dernière prière marmonnée, la foule se répand bruyamment sur la place où les pompiers manœuvrent, les forains déballent leur boniment et les marchands ambulants leurs cartons de dentelles, de rubans, les sucreries, les images pieuses… Femmes et enfants s'y attardent, l'œil brillant de convoitise. Pendant ce temps, les hommes vont gaiement dans les cafés et les auberges. Les verres tintent, de gros rires éclatent au milieu des chansons paillardes hurlées de temps à autre…

Les cultivateurs des alentours qui cherchent des domestiques, des valets de ferme, des pâtres ou des saisonniers s'y rendent pour les *louées*. Les garçons et les filles « à louer » décorent leur chapeau ou leur corsage d'un brin de feuillage ou de genet. Le marché se conclut en face d'une bouteille de vin.

A la nuit tombante, les chevaux de bois tournent, les détonations venues des baraques de tir se mêlent aux sons nasillards de l'orgue de barbarie et au bruit du tourniquet de la loterie ; les diseuses de bonne aventure tirent les cartes ; les gaufres, les *pommes d'amour* et les *barbes à papa* font la joie des enfants… Le repas a allumé toutes les figures et surexcité les plus timides. Un orchestre égrène les premières mesures criardes d'une danse : la bal durera jusqu'au petit matin.

Fêtes champêtres et bénédictions

Croyances et coutumes rythment toute la vie rurale, les travaux des champs et l'élevage. Quelques-unes de ces fêtes mêlent sorcellerie, astrologie, magie et religion. Processions, incantations et bénédictions protègent bêtes et gens des maladies, des accidents et du loup ; elles préservent les récoltes des gelées, de la grêle, de l'orage ou de la sécheresse ; elles assurent la fécondité des femelles…

Elles s'éteignent petit à petit au début du XXe siècle. Les mouvements de population les effacent de la mémoire.

Les feux de la Saint-Jean en Bretagne. « Le Petit Journal », 1er juillet 1893.

La fête de la moisson

Elle est dénuée de tout caractère religieux. La pratique principale consiste à réserver dans le champ moissonné un bouquet d'épis façonné en couronne ou en croix avec des rubans. Cette *mère du blé* comme on l'appelle en Auxerrois est le symbole de l'antique divinité des céréales. La jeune fille qui la reçoit devient la *mariée du blé*.

Les feux de la Saint-Jean

La veille, la nuit et le jour de la Saint-Jean-Baptiste sont censés posséder des vertus fastes ou néfastes. Presque partout en France, le soir du 23 juin, les bûchers de la Saint-Jean sont édifiés. Dans bien des régions, il est béni avant d'être allumé par le curé, le maire, un Jean ou une Jeanne.

Dès qu'il s'embrase, les assistants, garçons et filles, jeunes de préférence, dansent et sautent devant le bûcher. Ce sont souvent des *rondes* enjouées. En Provence, la *farandole* évolue près du brasier puis dans les rues et sur la place du village. Dans l'Eure-et-Loir, ces danses prennent le nom de *gambades*.

Dans certains villages de la Creuse, de Touraine, du Limousin, du Poitou, chacun des habitants jette sa pierre, parfois ornée d'une croix dans le feu. *« Il y en avait qui jetaient des pierres aussi grosses que possible dans le brasier, puis les recueillaient afin de les mettre dans les champs de raves ou de citrouilles pour en obtenir d'aussi grosses que les pierres »,* rapporte Albert Dauzat.

Dans d'autres régions, les paysans jettent quelques poignées de foin ou quelques épis de blé ou de seigle pour assurer une bonne récolte ; ailleurs, les garçons et les filles sautent le feu trois fois… ou neuf fois pour se marier dans l'année !

Dans quelques hameaux du Berry, de Bourgogne, de Touraine, du Périgord, de Normandie, de Bretagne, de Gironde, les paysans font un feu de fougère verte avec beaucoup de fumée. Ils y conduisent les bœufs et leurs jougs, les vaches, les chèvres, les moutons pour *fumer les bestiaux* et *leur porter bonheur* : ce passage à travers la fumée doit les préserver des maladies contagieuses et des boiteries.

Braiser ses sabots dans les cendres encore incandescentes évite de prendre froid l'hiver suivant ; quelques cendres du bûcher de la Saint-Jean mélangées au lait ou aux tisanes guérissent les glandes engorgées ; mises dans les armoires, elles préservent des mites le linge et les vêtements ; mélangées dans le blé des semailles, elles garantissent une belle récolte.

« Depuis l'antiquité, le feu est la traduction de la joie : le feu autour duquel on danse, qu'on franchit d'un saut hardi, dont on emporte les débris pour se porter bonheur… »
« Le Petit Journal », 1er juillet 1893.

Les Rogations

Elles sont organisées pour protéger les *fruits de la terre*. Les trois jours des Rogations sont consacrés à trois sortes de cultures différentes. Un présage prétend qu'il fera le même temps qu'à chacun de ces trois jours lors de la récolte des foins, des moissons et des vendanges.

La bénédiction des champs et des futures récoltes par le curé s'accompagne parfois de la bénédiction des sources, des puits et des abreuvoirs.

Dans l'Yonne, le curé bénit aussi les animaux. Dans la Nièvre, les bestiaux sont rassemblés près de l'abreuvoir ou du ruisseau de chaque hameau de la paroisse et le curé les bénit pendant les trois jours des Rogations.

Les Jasseries du Forez : la bénédiction des troupeaux.

Les saints sont considérés comme les intercesseurs près de Dieu : « Les paysans les chargent des commissions qui intéressent leur salut personnel mais encore de celles qui touchent aux animaux qui vivent avec eux. » « Lecture pour tous », 1900.

36 SCÈNES CORSES. - Bénédiction des Cochons à Zilia (avant). - LL

La bénédiction des troupeaux

Autrefois, en France, il était interdit de sortir les animaux la première fois, après l'hiver, un vendredi, jour néfaste par excellence, sauf en Ille-et-Vilaine et en Alsace où les agneaux sont sortis le vendredi saint. Dans la Vienne et en Sologne, c'est le 1er mai. Dans les Alpes et les régions montagneuses, les premières sorties se font début juin.

Dans le Forez, au lendemain de l'Assomption, le curé gravit la montagne, dés l'aube, à califourchon sur sa mule ou son cheval, un enfant de chœur en croupe. Un semblant d'autel est édifié en plein champ, planté d'une croix de bois enguirlandée de fleurs et de feuillages.

Pendant que les paysans poussent les vaches, les chèvres, les poules, les chiens, non sans quelques résistances, le curé enfile son surplis et son étole, cueille une branche d'arbuste qu'il trempe dans le verre d'eau bénite tenu par l'enfant de chœur. Après une courte prière, bêtes et gens sont bénis. Puis, avec bonhomie, le curé tapote les joues rebondies des enfants qu'il a vu naître. A chaque arrêt, il boit son bol de lait et charge dans son sac tommes, beurre, pain et charcuteries ou même pommes de terre. Il peut recevoir de 70 à 100 kilos de fromage.

Il repart sur sa monture avec son enfant de chœur, d'herbage en herbage, pour d'autres bénédictions, laissant paroissiens et bergers partager vivres et chansons !

En bas à gauche :
Le curé, un enfant de chœur en croupe, en route pour la bénédiction des troupeaux en montagne.

« Lecture pour tous », 1900.

Dans certains hameaux, beurre et fromages collectés sont vendus aux enchères sur la place publique : l'argent de la vente s'appelle le *procureur d'âmes* ; il sert à dire des messes ou à soulager quelques misères connues du curé…

La plupart des saints à qui est échue la protection des bestiaux ont ainsi des troupeaux à eux qui défilent processionnellement le jour de leur fête. En général, on offre au saint un veau nouvellement né. Le veau est placé en nourrice chez quelque paysan qui l'engraisse « pour l'amour de Dieu » et le ramène l'année suivante au pardon, bœuf fait ou vache accomplie. Les troupeaux des saints ont, bien entendu, dans chaque pardon, les honneurs de la journée ; quant aux bestiaux profanes, ils n'y font leur apparition qu'à la tombée du soir. Pendant toute l'octave qui suit le pardon, on voit s'en venir sur les routes, leur journée finie, les fermiers du voisinage poussant devant eux leurs troupeaux, auxquels ils font faire le tour de l'église, et qu'ils conduisent enfin à la fontaine miraculeuse.

« Vitellius », 9 mois, 305 kg, élevé à Evron dans la Mayenne, est lauréat du concours général des animaux gras à Paris en 1900.

Le sacrifice du cochon

Le cochon est l'animal le plus choyé de la ferme. La fermière l'appelle *mon mignon*, le fermier *mon camarade* ou *monsieur* : d'un excellent rapport, il assure l'autonomie alimentaire de toute la ferme…

Il est le premier servi : plantureuses pâtées de pommes de terre, de betteraves, de son et de grain sont accompagnées de copieuses rasades de petit lait. Pour lui aussi, les eaux grasses et les restes de cuisine ; les châtaignes, les glands et les pommes en gâteries ; les sorties dans la cour avec les volailles et les bains de boue dans la mare aux canards…

De la Saint-Nicolas à Pâques, le sacrifice du cochon est un rituel et une fête : entre voisins, sur la place du village ou sur une foire…

Tôt le matin, vers la Saint-Nicolas en décembre, et parfois encore avant Pâques, les *habillés de soie* sont tirés de leur somnolence : une patte de devant et une patte de derrière liées, ils sont installés sur des civières et portés, avec l'aide de deux ou trois voisins, devant chaque ferme.

Tuer le cochon, c'est une fête : en Auvergne, c'est la *Saint-Cochon* !

Un professionnel, le *saigneur de cochon*, va passer de l'un à l'autre, enfonçant son couteau de la gorge jusqu'au cœur. Les cris horribles des pauvres bêtes se font entendre pendant des heures. Une femme récupère le sang dans une poêle à long manche et l'empêche de coaguler en l'agitant avec un peu de vinaigre.

Encore râlante, la bête est ébouillantée et les soies brûlées ; le saigneur la découpe et *sort le ventre* : les femmes s'en emparent et préparent saucisses, boudins et charcuteries. Les hommes terminent le découpage et le lendemain, jambons et lard sont mis au saloir et au fumoir. Les meilleurs morceaux sont traités en conserves ; le reste est haché et transformé en pâté, fromage de tête, rillettes, rillons ou grattons, la graisse est fondue et transformée en saindoux.

Le dernier soir, le sacrifice se termine par de belles grillades bien arrosées !

Les cartes postales anciennes sont pour nous parmi les derniers témoins écrits des patois de nos différentes régions dans la vie quotidienne.

Dialectes et patois

Le dialecte exprime la mentalité des hommes, leurs traditions, leurs goûts. Par ses termes savoureux, ses locutions pittoresques, il est le reflet d'un terroir, il porte en lui tous les témoignages d'un passé.

Il est parlé par toutes les couches d'une population locale et il s'écrit suivant une tradition.

Lorsqu'il n'est plus écrit, lorsqu'il n'est plus parlé par les classes dites cultivées de la population, il devient un patois. Son mode de transmission est de tradition orale, la syntaxe s'appauvrit, les tournures se figent, les nuances fines sont plus ou moins oubliées ou confondues.

21 *Au Marais de* CHALLANS (*Vendée*)

Serre me benn et bise me avant que m' n'aille, mai dépêache te, to tiou minde nous regardante

Artaud et Nozais, Nantes

Les dialectes commencent à s'effacer en 1886. La pénétration du français est favorisée par le développement de l'instruction obligatoire, par le service militaire, par les voyages que le chemin de fer accentue et par la vulgarisation des journaux et revues.

Les dictons

Ces dictons résument la sagesse paysanne, sous forme d'adages, d'aphorismes, de préceptes faciles à retenir.

Les uns contiennent des vérités générales les autres sont particuliers à une contrée, à une branche spéciale de l'activité agricole.

Tous sont basés sur le bon sens.

En dehors des prédictions météorologiques, relatives aux récoltes, et qui témoignent d'observations faites par des ruraux, les proverbes moraux ont été transmis à la campagne par la ville. Leur forme accuse une origine parisienne, parfois littéraire : les fables de La Fontaine en ont propagé plus d'un : « Aide-toi, le ciel t'aidera ; Ventre affamé n'a pas d'oreilles ».

Entre villages, les rivalités sont vives, parfois même, des batailles rangées opposent à époque fixe, les garçons de deux villages.

Certains dictons concernent des contrées entières : le plus célèbre « 99 moutons et un (Berrichon, Champenois...), ça fait 100 bêtes » a été appliqué à diverses provinces qui se sont renvoyé le compliment.

Almanach Vermot, 9 avril 1900.

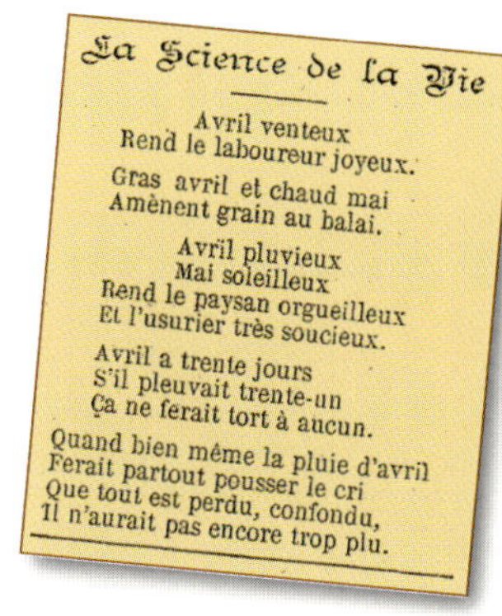

La Science de la Vie

Avril venteux
Rend le laboureur joyeux.

Gras avril et chaud mai
Amènent grain au balai.

Avril pluvieux
Mai soleilleux
Rend le paysan orgueilleux
Et l'usurier très soucieux.

Avril a trente jours
S'il pleuvait trente-un
Ça ne ferait tort à aucun.

Quand bien même la pluie d'avril
Ferait partout pousser le cri
Que tout est perdu, confondu,
Il n'aurait pas encore trop plu.

La République & l'agriculture

Même si Louis XV préconise le retour à la terre et affirme en 1763 que les laboureurs sont *« la portion précieuse »* de ses sujets, même si Napoléon déclare que *« l'âme et la base de son Empire, c'est l'agriculture »,* il faudra attendre presque un siècle pour voir les pouvoirs publics s'en intéresser réellement.
La Restauration croit faire merveille en donnant de grosses indemnités à la grande propriété et en protégeant l'agriculture contre la concurrence étrangère par des tarifs douaniers.

La IIe République, par une loi du 3 octobre 1848, développe les établissements d'enseignement agricole, crée des champs d'expériences, entreprend le dessèchement des terrains marécageux comme ceux de la Sologne. En 1852, l'administration des Haras est réorganisée, des chambres consultatives d'agriculture

Une carte postale de 1906, tout en symbole, pour le service de la patrie.

sont prévues. En 1879, un professeur d'agriculture est nommé dans chaque département pour conseiller individuellement les paysans.

La IIIe République, sous l'impulsion de Gambetta, institue en 1881 le ministère de l'Agriculture, comme pour affirmer la sollicitude du gouvernement pour celle-ci. Parmi les mesures prises, les plus essentielles concernent le développement de l'enseignement agricole, la législation et les services sanitaires, les syndicats agricoles, le renouvellement du cadastre et le remembrement du territoire, les stations agronomiques et laboratoires agricoles.

En trente ans, l'Etat a quadruplé ses dépenses pour les écoles d'agriculture, les écoles vétérinaires, les concours, les primes aux cultures industrielles (chanvre, lin), les subventions aux comices...

Jules Méline (1838-1925), né à Remiremont dans les Vosges, est le premier ministre de l'Agriculture de 1883 à 1885. Il y pratique une politique protectionniste contre la concurrence des pays étrangers et propose plusieurs lois pour tenter de valoriser cette activité enfin reconnue.

Pendant la guerre de 1914-1918, l'Etat institue des services chargés d'établir des liens étroits avec les producteurs : en 1917, il crée le service du matériel agricole, l'office central des fourrages, le service des produits chimiques agricoles, le commissariat pour les céréales et les vignes ; en 1918, il encourage le remembrement, prend des mesures pour la mise en culture des terres abandonnées.

Plus tard, une loi du 6 janvier 1919 a pour objet l'intensification de la production agricole, celle du 25 octobre 1919 institue les chambres d'agriculture bien qu'elles ne se constituent qu'en 1927 ; la loi du 10 mai 1921 encourage enfin le développement de la culture mécanique.

Le Petit Journal
TOUS LES VENDREDIS Le Supplément illustré 5 Centimes
SUPPLÉMENT ILLUSTRÉ
Huit pages : CINQ centimes
TOUS LES JOURS Le Petit Journal 5 Centimes
Deuxième Année
SAMEDI 23 MAI 1891
Numéro 26

LA FRANCE TRAVAILLE ET VEILLE
(Tableau de M. Poilleux Saint-Ange)

« La Nature », 1901.

Agriculture à la caserne. — Pour déférer au vœu émis par le rapporteur du budget de l'agriculture, M. Henri Ricard, député de la Côte-d'Or, les ministres de la guerre et de l'agriculture étudient de concert les moyens d'organiser, dans les principales garnisons, des cours d'agriculture pour les soldats. Cette idée n'est pas absolument nouvelle. Une organisation de ce genre fut tentée sous l'Empire. Mais elle n'eut pas de lendemain, faute d'appuis officiels. La plupart des pays d'Europe ont déjà réalisé cette intéressante réforme. Depuis 1890, en Italie, des cours d'agriculture sont faits dans plusieurs garnisons en hiver, à 6h30 du soir, à raison de deux heures par semaine. Le but est de prémunir le jeune campagnard contre la tentation de quitter la vie rurale, à sa sortie du régiment, en lui donnant les connaissances scientifiques suffisantes pour mettre à même d'apprécier et d'aimer la profession d'agriculteur.

L'artiste a peint une superbe femme, belle et forte, telle qu'on aime à se représenter la Patrie.

Elle récolte la moisson pour nourrir la France figurée au fond par un panorama de Paris, mais tandis qu'elle tient en mains la faucille, sa robuste poitrine est couverte d'une cuirasse.

Elle travaille pour nourrir ses enfants, mais en même temps elle veille; on ne la surprendra plus comme autrefois, elle est prête et son oreille est ouverte aux bruits lointains; l'arme n'est pas loin qu'elle changera en un instant contre l'outil de travail.

« Le Petit Journal », 23 mai 1891

1. — École regionale d'agriculture d'Ondes (Haute-Garonne).

Phot. Baldassini.
3. — École d'agriculture de Saintes (Charente-Inférieure).

5. — École de viticulture de Beaune (Côte-d'Or).

7. — École d'agriculture des Trois-Croix (Ille-et-Vilaine).

2. — École d'agriculture de Saint-Bon (Haute-Marne).

4. — École d'agriculture de Valabre (Bouches-du-Rhône).

Phot. Gervais.
6. — École d'agriculture de Fontaines (Saône-et-Loire). Travaux pratiques.

Phot. Bourgoin
8. — École d'agriculture de La Brosse (Yonne).

L'enseignement agricole pour les jeunes gens

Pendant de longs siècles, l'agriculture vit de traditions et de routine. Ni le public, ni le gouvernement ne comprend l'utilité d'une instruction spéciale pour préparer l'homme au travail du sol.

Sortant des écoles primaires, les jeunes garçons acquièrent une formation pratique de 2 ou 3 ans.

À gauche : Quelques écoles d'agriculture. « Larousse Agricole », 1921.

Entre 1820 et 1850, s'ouvrent les écoles de Roville, de Grignon, de Grand-Jouan (Loire-Inférieure), de la Saulsaie (Ain) et l'Institut national agronomique de Versailles.

Le Second Empire est une période de déclin. En 1852 l'Institut agronomique de Versailles et l'Ecole régionale de Saint-Angeau, dans le Cantal, créée en 1849, ferment leurs portes. Par contre, en 1854, s'ouvre, dans l'Oise, l'Institut agricole de Beauvais, fondé par les frères des écoles chrétiennes, placé sous le patronage de la Société des agriculteurs de France et de l'Institut catholique de Paris.

En 1860, les Goncourt constatent « *qu'il n'y a plus de bras pour travailler la terre, que l'éducation détruit la race des laboureurs et, par conséquent, l'agriculture* » (*Le Bilan d'un siècle, 1801-1900*, d'Alfred Picard, tome III).

Avec la IIIe République, l'enseignement agricole connaît son plein essor. Des mesures efficaces sont prises pour relever le niveau de l'enseignement dans les anciennes écoles régionales, devenues écoles nationales : Ecole de Grignon, Ecole de Grand-Jouan, transférée à Rennes en 1895, Ecole de la Saulsaie, transférée à Montpellier en 1872.

A ces établissements, il convient de joindre l'Ecole nationale d'horticulture de Versailles, créée en 1873 ; l'Ecole d'industrie laitière de Mamirolle, créée en 1888 et enfin l'Ecole des Industries agricoles de Douai, créée en 1893.

La loi du 30 juillet 1875 sur l'enseignement élémentaire pratique de l'agriculture crée les *écoles pratiques* qui appartiennent aux départements ou à des particuliers ; l'Etat ne s'y occupe que de l'enseignement, sans s'immiscer dans la gestion du domaine.

Apparaissent aussi les fruitières-écoles et la magnanerie-école d'Aubenas. Toutes ces écoles ont un enseignement théorique et pratique très spécialisé approprié au milieu dans lequel elles se trouvent.

La loi du 9 août 1876 rétablit l'Institut national agronomique. Installée à Paris, cette « Ecole polytechnique » de l'agriculture ne se borne pas à former des agronomes ; elle effectue des recherches et publie de remarquables travaux scientifiques. C'est parmi ses élèves diplômés que se recrutent au début du XXe siècle ceux de l'Ecole forestière et de l'Ecole des Haras.

La loi du 16 juin 1879 met en place des professeurs départementaux

chargés de faire cours à l'école normale primaire, de donner des conférences dans les communes rurales, d'organiser des champs d'expériences et de démonstration. Ils ont une heureuse influence auprès des agriculteurs en les aidant à adopter de nouvelles méthodes culturales, en sélectionnant des semences de choix, des engrais complémentaires.

L'arrêté du 5 février 1908 crée le diplôme d'ingénieur agricole.

Travaux pratiques à la ferme de l'Ecole nationale d'Agriculture de Grignon.

Les écoles pratiques d'agriculture

Instituées par la loi du 30 juillet 1875, elles deviennent écoles d'agriculture par la loi du 2 août 1918.

Elles reçoivent des jeunes gens de 13 ou 14 ans qui, sortant des écoles primaires, désirent acquérir une instruction professionnelle agricole en deux ou trois ans.

Chaque école possède un laboratoire de chimie, un laboratoire d'histoire naturelle pour l'étude des cryptogames et des insectes parasites des végétaux cultivés, un observatoire de météorologie agricole, des ateliers de forge, de menuiserie, de tonnellerie et de vannerie permettant aux élèves d'apprendre la confection et la réparation d'outils ou objets simples employés à la ferme.

En outre, un domaine avec champs d'expériences et de démonstrations y est annexé ; un grand jardin, généralement avec serre, permet de donner un enseignement horticole pratique complet ; un rucher modèle et un laboratoire de pisciculture complètent les installations.

À droite : *Institut national agronomique de Paris. « Larousse Agricole », 1921.*

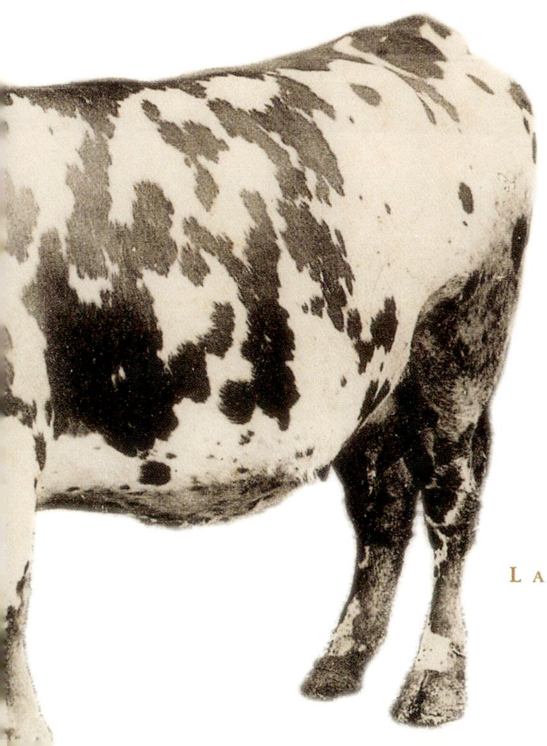

La laiterie de l'Ecole d'agriculture de Cibeins.

Les fermes-écoles

Crées par la loi du 3 octobre 1848 et celle du 30 juillet 1875, elles ont pour but *« de former d'habiles cultivateurs capables d'exploiter avec intelligence leur propriété, soit de cultiver la propriété d'autrui comme fermiers, métayers ou régisseurs, soit enfin de devenir de bons contremaîtres, chefs de main-d'œuvre »* (Larousse agricole 1921).

Les apprentis sont admis à partir de 16 ans pour une durée de deux ou trois années. Les études ne coûtent rien aux parents, le travail de l'élève compensant les frais.

Les écoles d'agriculture d'hiver

Annexées à d'autres établissements agricoles, elles regroupent exclusivement des fils de cultivateurs de 15 à 18 ans, travaillant sur la ferme.

La durée des études est fixée à deux hivers, à raison de quatre mois par hiver, de novembre à mars. Les cours sont gratuits et ont lieu les dimanches et jeudis après-midi.

Vues générales des Ecoles nationales d'agriculture de Grignon et Montpellier. « Larousse Agricole », 1921.

L'enseignement postscolaire public agricole

Dans les premières années du XXe siècle, il faut instruire environ 1 million de jeunes ruraux alors que les écoles citées plus haut n'en reçoivent que 100 000 !

Pendant longtemps, dans toutes les communes rurales, à l'école primaire, les enfants de 9 à 12 ans reçoivent un enseignement agricole qui ne donne, malheureusement, pas les résultats escomptés, les enfants étant jugés trop jeunes.

La loi du 2 août 1918 met en place un enseignement postscolaire pour les jeunes garçons à partir de 13 ans, pendant quatre ans au moins, à raison de cent cinquante heures par année, réparties entre les divers mois, selon les besoins de chaque région. Il est sanctionné par un certificat d'études agricoles.

Pour enseigner, les instituteurs doivent compter au moins trois ans d'exercice dans l'enseignement et être pourvus d'un brevet agricole délivré par le ministère de l'Agriculture.

Ecole départementale de Montesson : élèves jardiniers aux potagers.

L'enseignement agricole pour les jeunes filles

Le rôle de la femme à la ferme est si important, son influence pour retenir l'homme à la terre est si grande, qu'il devient socialement nécessaire de créer un enseignement pour les jeunes filles.

C'est en 1886 que se crée l'école pratique de Coëtlogon-Rennes, en Ille-et-Vilaine. Elle est destinée aux jeunes filles qui désirent s'initier aux manipulations du lait, à la fabrication du beurre et du fromage ; connaître les soins à donner aux vaches laitières, à la basse-cour et s'occuper du jardin potager.

En 1890, l'école pratique de Kerliver, dans le Finistère, forme de bonnes ménagères agricoles.

De 1902 à 1909, s'ouvrent quinze écoles ménagères ambulantes dans les départements des Côtes-du-Nord, du Pas-de-Calais, de l'Oise, de la Seine-Inférieure, de la Haute-Marne, du Puy-de-Dôme, de l'Isère, des Deux-Sèvres, de la Haute-Loire, de la Marne, de l'Aisne et des Vosges.

Les jeunes filles doivent attendre 1912 pour entrer à l'Ecole supérieure d'enseignement agricole et ménager annexée à l'école de Grignon.

Pendant la Première Guerre mondiale, en l'absence des hommes, les femmes assument admirablement les travaux de la terre et la gestion des fermes. La loi du 2 août 1918 leur

13 Octobre 1917 — L'ILLUSTRATION — N° 3893 — 381

d'agriculture, de zootechnie, d'horticulture, etc., pour expliquer et guider la pratique selon la nécessité du moment.

Il est utile aussi de savoir remédier aux petits accidents qui peuvent se produire dans une maison isolée. C'est pourquoi nos jeunes filles apprendront à exécuter quelques menus travaux de menuiserie, de vannerie, et seront initiées à la réparation d'une conduite électrique, à la pose d'un carreau, à la soudure des boîtes de conserve; elles acquerront des connaissances suffisantes en mécanique pour surveiller la réparation d'une machine agricole, et, cela va de soi, sauront atteler, conduire des chevaux, aussi bien que manœuvrer le volant d'une automobile.

La cuisine, l'art précieux des conserves et des approvisionnements ne sont pas négligés, non plus que l'entretien du linge et des vêtements. Ainsi, la future fermière emportera de ses deux années d'école un solide bagage de recettes et de conseils, ainsi que l'habileté manuelle qu'elle aura acquise par ses travaux journaliers.

Pendant les longues soirées d'hiver, lectures, causeries, arts d'agrément, tiendront une plus grande place dans leur vie, les choses intellectuelles n'étant pas écartées du programme.

Des moments de repos méthodiquement aménagés viennent souvent interrompre leur labeur quotidien. Il leur est alors loisible de se récréer dans une vaste pièce qui leur est exclusivement réservée, et dont les larges fenêtres s'ouvrent sur la forêt. Elles sont là chez elles, dans leur *home*. Elles peuvent y goûter les distractions de leur choix ou la douceur d'une détente bien gagnée. L'installation des chambres est simple, mais des rideaux à fleurs, des boiseries claires viennent y mettre une note riante et confortable. Les bienfaits de l'hydrothérapie n'ont pas été oubliés : deux salles de bains sont à la disposition des élèves.

Les heures de repas groupent autour d'une même table M. et Mme Babet et leurs enfants, les maîtresses et les élèves, qui ne forment qu'une même famille habitant sous le même toit. Jeunes filles et jeunes femmes, séparées de leurs proches, retrouvent dans un entourage affectueux la chaleur du foyer, en même temps qu'une direction pleine de sagesse et d'intelligence.

Les élèves sont admises à la « Ferme française » sans concours. Il est bon, cependant, qu'elles aient une instruction qui leur permette de profiter pleinement de l'enseignement donné. Elles doivent appartenir à des familles qui répondent de leur bonne éducation, la tenue morale de l'école devant être très surveillée.

Des vacances pourront avoir lieu chaque année au moment où cessent les travaux des champs, du 15 décembre au 30 janvier.

L'impression qui se dégage de ce que nous venons de décrire est que se trouve enfin réalisée la formule exacte de l'Ecole agricole féminine, avec son cycle complet et son enseignement pratique. Elle nous promet pour l'avenir une génération de femmes telles que nous pouvons les désirer pour le relèvement de notre agriculture nationale. C'est sur elles que se fonde notre espoir de voir encore nos terres fécondes, nos greniers pleins et cette source productive de richesses enfin rendue à la France libérée.

GABRIELLE FOURNERY-ESTRANGIN.

Sortie pour la leçon de labourage.

La charrue expliquée sur le sillon.

L'enjouguage.

La leçon de labourage à la « Ferme française ». — Photographies

« La Ferme française », ferme école créée par Mme Charles Babet à Saint-Léger-en-Yvelines (Seine-et-Oise).

« L'Illustration », 13 octobre 1917, p. 379.

> Les femmes surtout, pendant que les hommes se battent, ont là une pacifique croisade à entreprendre; le pays ne se défend pas qu'à la frontière; elles assureront sa prospérité en travaillant au relèvement de la vie agricole après qu'elles en auront compris l'utilité et la beauté.

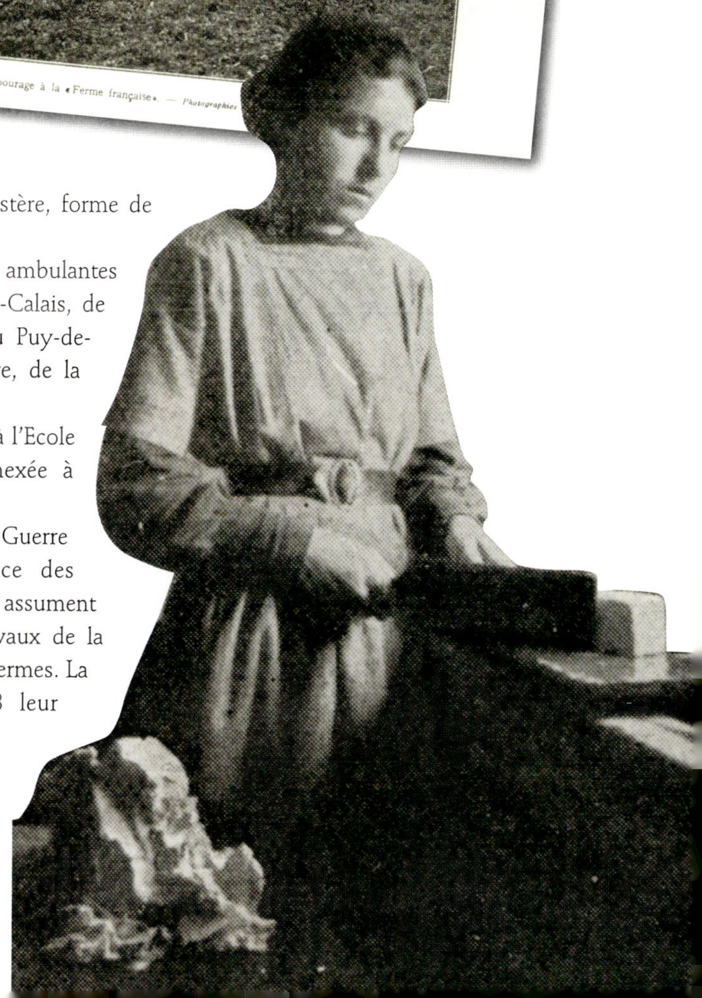

En bas à droite : *A la beurrerie : la mise en pains.*

Au pâturage de la « ferme française » : l'heure de la traite.

donne enfin le choix entre deux enseignements : l'enseignement agricole pour devenir agricultrices et gérer seules un domaine et l'enseignement agricole ménager pour les préparer à leur futur rôle de collaboratrices de maris agriculteurs.

En 1923, elles pourront intégrer l'Ecole nationale d'agriculture pour jeunes filles et la Section normale supérieure d'enseignement agricole et ménager de Coëtlogon.

Les écoles ménagères ambulantes

Elles se transportent de village en village, pour donner aux filles d'agriculteurs, âgées au moins de 15 ans, une instruction agricole et ménagère.

Pendant trois mois, le programme prévoit de l'économie domestique, de la puériculture, de la cuisine, de la coupe et couture, de la comptabilité agricole, des travaux de laiterie, de fromagerie, d'apiculture, des notions d'élevage du bétail et de la tenue d'une basse-cour.

> A la campagne, on trouve toujours chez soi ou dans ses environs quelques jeunes filles plus faibles de complexion, parfois infirmes ou impropres aux travaux de force, et, par cela même, plus avisées aux ouvrages d'aiguille. Ce sera une ingénieuse charité que d'en former des ouvrières pour un atelier élémentaire destiné à confectionner les parties de l'habillement qui n'exigent pas la couturière ou la modiste de la ville. La maîtresse de maison qui sait acheter et choisir ses étoffes, couper et travailler sur patrons, qui aura passé par l'apprentissage de l'Institut rural, et qui a ses machines à coudre, réalisera une forte économie équivalente à un supplément de budget.

Un extrait sans complaisance tiré de l'un des chapitres du « Rôle des femmes dans l'agriculture ». « Le Magasin Pittoresque », 1869.

Les écoles agricoles ménagères fixes

L'enseignement, donné aux jeunes filles de 14 à 16 ans, y est à la fois théorique et pratique. La moitié de la journée est consacrée au français, à l'arithmétique, la comptabilité, la géographie, quelques notions très simples de sciences physiques, chimiques et naturelles appliquées à l'agriculture, à l'hygiène, à la puériculture, aux soins du ménage. L'autre moitié de la journée est réservée aux travaux pratiques : travail de l'aiguille, soins du ménage, préparation des aliments, blanchissage du linge, repassage, soins à donner aux animaux domestiques, la tenue de la laiterie, quelques travaux dans les champs et au jardin.

Jeunes filles aux travaux des champs dans la haute Ariège.

Ecole nationale d'agriculture de Coëtlogon-Rennes

Elle prépare les jeunes filles à devenir des agricultrices capables de diriger une exploitation rurale tout en assumant leur rôle de ménagères et de maîtresses de maison.

L'enseignement est à la fois théorique et pratique. Il comprend la physique agricole, la chimie appliquée à l'agriculture (technologie agricole, cidrerie, conserves alimentaires, fromagerie), les sciences naturelles appliquées à l'agriculture (zoologie, botanique et géologie, l'entomologie agricole, l'apiculture, l'aviculture), l'agriculture, l'horticulture, l'arboriculture, la zootechnie et l'hygiène des animaux domestiques, des notions sur l'économie rurale, le génie rural, l'économie ménagère, la cuisine, la coupe et la couture, le repassage, l'hygiène, la puériculture, la comptabilité agricole et ménagère.

A la fin de leurs études, les élèves ayant satisfait aux examens reçoivent un diplôme.

Section normale supérieure d'enseignement agricole et ménager

Elle a pour but de former des maîtresses capables d'enseigner dans les écoles agricoles et ménagères.

N'y sont admises que les jeunes filles possédant le baccalauréat, le brevet supérieur ou le diplôme de fin d'études secondaires et le diplôme de l'Ecole nationale d'agriculture de Coëtlogon-Rennes.

Départ de paysannes pour le marché.

Les services sanitaires

Faute de dispositions, l'agriculture paie un lourd tribut aux maladies qui déciment les troupeaux.

La loi du 21 juillet 1881 donne à l'Administration les moyens nécessaires pour lutter contre les épizooties à l'intérieur et réglementer l'inspection aux frontières.

Tandis que cette législation protectrice prend corps, l'illustre Pasteur poursuit ses admirables recherches sur le choléra, le charbon, la rage, la péripneumonie… grâce à de fort substantielles allocations extraordinaires accordées sur le budget de l'Etat. Le gouvernement encourage également les travaux de Chauveau, Arloig, Cornevin, Thomas, Nocard, Chantemesse et Galtier, tous éminents savants.

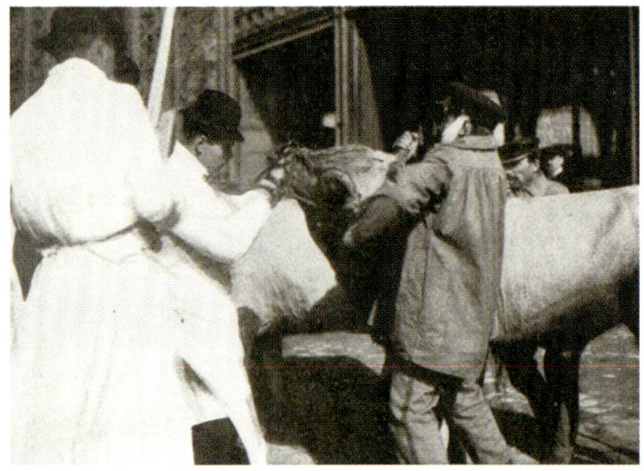

À droite : *L'arrivée des animaux au Concours général agricole : visite vétérinaire et passage dans le pédiluve (1912).*

Le rapprochement des chiffres de 1882 et 1892 indique, pour certaines espèces, une augmentation sensible des pertes : l'administration de l'agriculture rappelle avec raison qu'avant la mise en vigueur de la loi sur la police sanitaire, la plupart des pertes occasionnées par les maladies contagieuses étaient dissimulées !

Ci-contre : *En ce début de siècle, les plaques à base d'amiante sont « le dernier cri » en matière d'hygiène ! (« La Vie à la campagne », mai 1930).*

MAINTENANT que les bergers lisent le journal et que les vachères s'entretiennent à l'étable des modes parisiennes, il n'est peut-être pas téméraire de penser que les bêtes de nos campagnes, à force d'entendre parler de Paris, rêvent aussi d'y faire un petit voyage !

Pour cela, elles n'ont qu'à se laisser bourrer de carottes et de son, et à engraisser, jusqu'à devenir difformes.

Alors, le maître glorieux leur offre un billet de chemin de fer pour la capitale. Pauvres bêtes !... Quelles désillusions doivent tomber sur leurs cervelles obscures de bonnes créatures provinciales. Après l'ahurissement d'un voyage trépidant dans un wagon inconfortable, d'étroites maringotes les apportent ligotées et encordées de court jusqu'au Palais des Champs-Élysées.

« La France Illustrée », 24 février 1912.

PERTES DU BÉTAIL PAR MALADIES ET ACCIDENTS

Espèces	1852	1862	1882	1892
Bovins	292 362	322 097	186 291	298 506
Ovins	2 561 804	1 532 263	875 934	575 570
Porcins			111 933	655 003
Caprins			22 319	97 276
Chevaux	178 186	132 122	55 878	64 834
Mulets			5 527	4 593
Anes			8 424	5 684

Les syndicats agricoles, coopératives et mutuelles

L'esprit d'association et le mouvement coopératif naissent véritablement avec la loi du 21 mars 1884. Ainsi rédigée : « *Les syndicats professionnels ont exclusivement pour objet l'étude et la défense des intérêts économiques, industriels et commerciaux* », M. Vernet, sénateur du Doubs, y fait ajouter « *et agricoles* ». C'est par cette petite porte que les syndicats agricoles entrent dans la législation française.

Le Syndicat des agriculteurs du Loir-et-Cher, premier syndicat créé à Blois, sert d'exemple. A la fin du XIXe siècle, 2 375 syndicats agricoles existent et regroupent 600 000 adhérents.

En haut :
A la fin du XIXe siècle, 2 375 syndicats regroupent 600 000 adhérents.

LES SOCIÉTÉS D'ASSURANCES MUTUELLES AGRICOLES.

Les sociétés d'assurances mutuelles agricoles, dont les bienfaits sont si précieux, ont présenté, depuis une dizaine d'années, un développement remarquable auquel on ne saurait trop applaudir.

Au nombre de 1.484 en 1897, elles sont aujourd'hui au nombre de 9.842, qui se répartissent comme il suit, suivant la nature des risques garantis :

Sociétés contre la mortalité du bétail	7.923
Sociétés de réassurance-bétail	55
Sociétés contre l'incendie des risques agricoles	1.816
Sociétés de réassurance-incendie	20
Sociétés contre la grêle	24
Sociétés contre les accidents agricoles	4

« L'Illustration », 8 janvier 1910.

Leurs actions s'orientent vers l'achat en commun des engrais, des semences, des outils et instruments agricoles, des fourrages et autres substances propres à l'alimentation du bétail, des plants américains pour reconstituer les vignobles détruits par le phylloxera, des matières employées contre les diverses maladies de la vigne. Ils apportent à leurs adhérents le bénéfice des prix de gros, de notables économies sur les frais de transport et des garanties sérieuses de qualité.

Leur action en faveur de l'élevage s'affirme par une alimentation meilleure et plus rationnelle, par la sélection des reproducteurs, par l'allocation de primes, par la création de stud-books.

19 mars 1911 : manifestation de vignerons à Polisot (Champagne).

Beaucoup de syndicats, reconnaissant leur inaptitude à la vente, instituent des sociétés coopératives notamment pour l'exportation et le développement de marchés nouveaux.

Ils assurent leurs membres contre les risques de pertes et de ruines dus à l'incendie, à la grêle, à la mortalité du bétail. Des mutualités sont également constituées contre les risques des accidents du travail pouvant engager la responsabilité des cultivateurs.

Une autre attribution que le législateur de 1884 confère aux syndicats, et qu'ils exercent largement, est le placement des ouvriers sans travail.

La loi du 24 octobre 1919 leur accorde un représentant par arrondissement dans les Chambres d'agriculture et celle du 12 mars 1920 étend leurs attributions : ils peuvent, devant toutes les juridictions, exercer tous les droits réservés à la partie civile ; constituer des caisses de secours mutuels et de retraites, construire des habitations bon marché, acquérir des terrains, créer et administrer des bureaux de placement de la main-d'œuvre, des institutions professionnelles de prévoyance, laboratoires, champs d'expérience, œuvres d'éducation scientifique, agricole ou social. Ils peuvent déposer leurs marques ou labels et les apposer pour certifier l'origine de leurs produits, ils peuvent manifester le mécontentement de leurs adhérents auprès des administrations… Mais cette loi spécifie surtout que les femmes mariées peuvent se syndiquer sans l'autorisation de leur mari.

1911 : manifestations viticoles à Bar-sur-Aube.

A cette date, n'adhérent encore que grands et petits propriétaires, fermiers, métayers et quelques ouvriers de la ferme. On y rencontre fort peu de domestiques et d'ouvriers journaliers. Les syndicats mixtes n'ont pas le succès espéré et il existe de très rares syndicats agricoles exclusivement ouvriers.

Enfin, les syndicats ont utilement concouru à l'organisation du crédit agricole.

Les maisons de l'agriculture

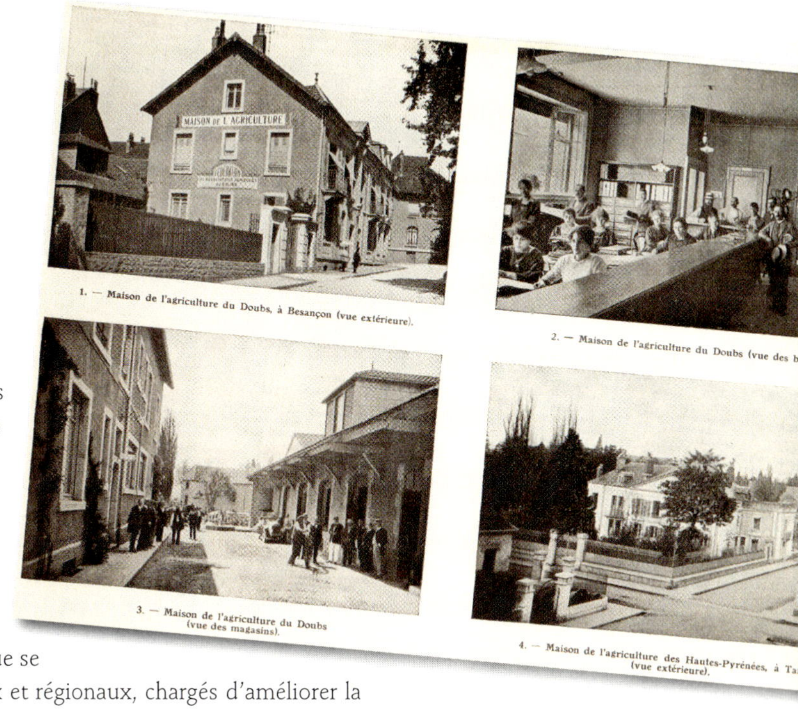

Maison de l'agriculture du Doubs à Besançon : ses bureaux et les magasins ; Maison de l'agriculture des Hautes-Pyrénées à Tarbes (« Larousse Agricole », 1922)

Une loi du 20 mars 1851 institue des chambres consultatives d'agriculteurs dans tous les arrondissements : elles sont élues par les comices agricoles ; puis un décret-loi de 1853 les transforme en réunions d'agriculteurs, choisis par les préfets, à raison d'une par canton. Leur existence est plus que chaotique.

Il faut attendre le 6 janvier 1919 pour que se créent des offices agricoles départementaux et régionaux, chargés d'améliorer la production par des expériences, des semences, des engrais et des traitements sélectionnés, et l'élevage par l'amélioration des races et de l'hygiène.

Le 25 octobre de cette même année, se créent, par département, des chambres d'agriculture, mais le mode de suffrage pour élire les responsables soulèvent une vive opposition de la part des agriculteurs. La loi est ajournée : il faudra attendre un nouveau texte daté du 3 janvier 1924, mais ce n'est que dix ans plus tard, en 1930, que les chambres seront définitivement constituées.

Cette organisation fédérative centralise au chef-lieu tous les grands services agricoles du département ainsi que toutes, ou la plupart, des associations agricoles. Le cultivateur y trouve des semences sélectionnées, des engrais de qualité ; le hall-exposition lui donne une idée de la technologie et de la valeur des machines-outils ; le professeur d'agriculture l'aide pour l'intensification de sa production ; le comptable de la caisse du crédit agricole le conseille pour ses emprunts…

Magasin d'une Maison de l'agriculture : le paysan y trouve engrais, semences et matériel.

La naissance du Crédit agricole

Avec le XIXe siècle, l'agriculture évolue enfin. Pour améliorer ses rendements, elle a besoin d'améliorer le sol, d'y déposer des engrais, de le drainer, de l'irriguer, d'employer des engins perfectionnés pour le labour, les semailles, les récoltes. Les cultures se spécialisent, les marchés s'élargissent, les transactions agricoles se multiplient. A la fin du siècle, l'agriculture devient une véritable industrie et une exploitation bien conduite exige de plus en plus de capitaux.

Les premiers essais d'un crédit spécial remonte à 1840 : de grands établissements de crédit se constituent. Le plus important d'entre eux est créé en 1860, soutenu par le gouvernement de l'empire, mais la solvabilité d'un paysan, à cette époque, n'est pas aussi facile à déterminer que celle d'un industriel ou d'un commerçant.

L'échec retentissant compromet pour longtemps l'idée du crédit agricole.

En 1867, l'économiste Michel Chevalier déclare, pendant l'Exposition universelle internationale, que « *l'organisation du crédit agricole est une mesure qui se recommande par un caractère particulier d'urgence, soit que l'on considère le cultivateur comme exploitant, cas auquel il convient*

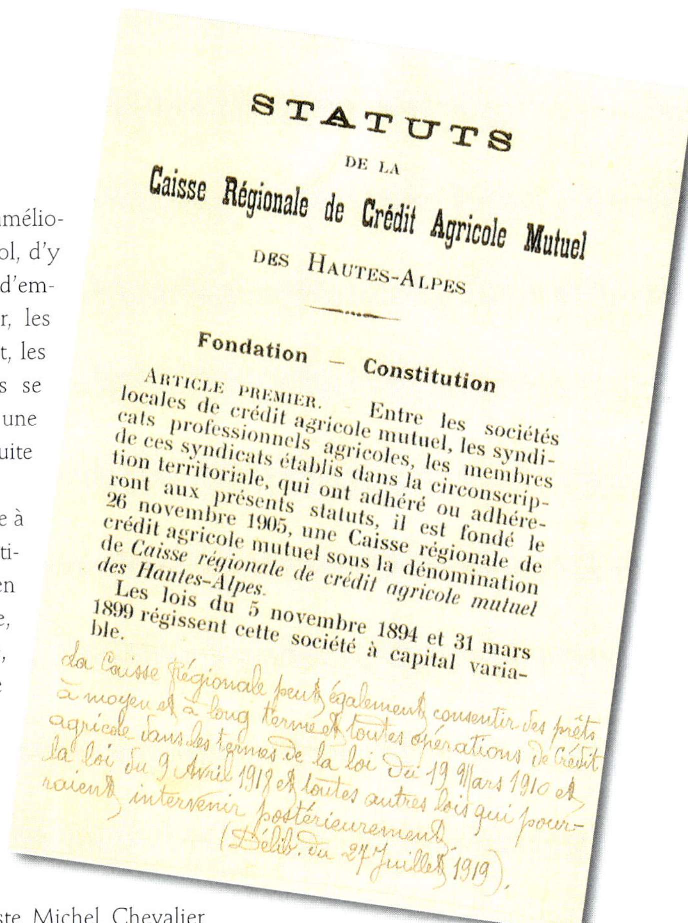
STATUTS
DE LA
Caisse Régionale de Crédit Agricole Mutuel
DES HAUTES-ALPES

Fondation — Constitution

ARTICLE PREMIER. — Entre les sociétés locales de crédit agricole mutuel, les syndicats professionnels agricoles, les membres de ces syndicats établis dans la circonscription territoriale, qui ont adhéré ou adhéreront aux présents statuts, il est fondé le 26 novembre 1905, une Caisse régionale de crédit agricole mutuel sous la dénomination de *Caisse régionale de crédit agricole mutuel des Hautes-Alpes.*

Les lois du 5 novembre 1894 et 31 mars 1899 régissent cette société à capital variable.

La Caisse régionale peut également consentir des prêts à moyen et à long terme et toutes opérations de crédit agricole dans les termes de la loi du 19 Mars 1910 et la loi du 9 Avril 1919 et toutes autres lois qui pourraient intervenir postérieurement. (Délib. du 27 Juillet 1919).

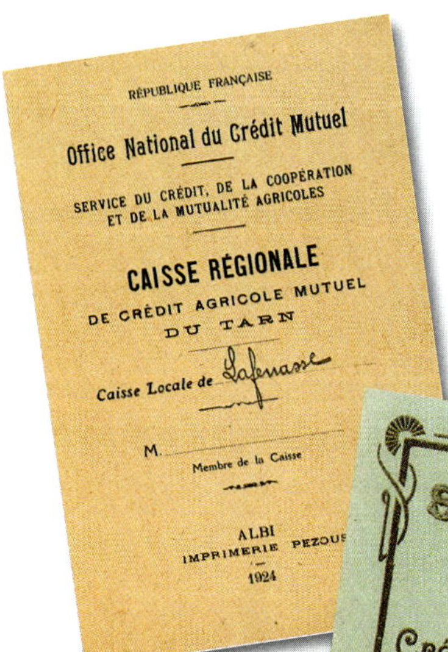
RÉPUBLIQUE FRANÇAISE
Office National du Crédit Mutuel
SERVICE DU CRÉDIT, DE LA COOPÉRATION ET DE LA MUTUALITÉ AGRICOLES
CAISSE RÉGIONALE
DE CRÉDIT AGRICOLE MUTUEL
DU TARN
Caisse Locale de Lafenasse
M.
Membre de la Caisse
ALBI
IMPRIMERIE PEZOUS
1924

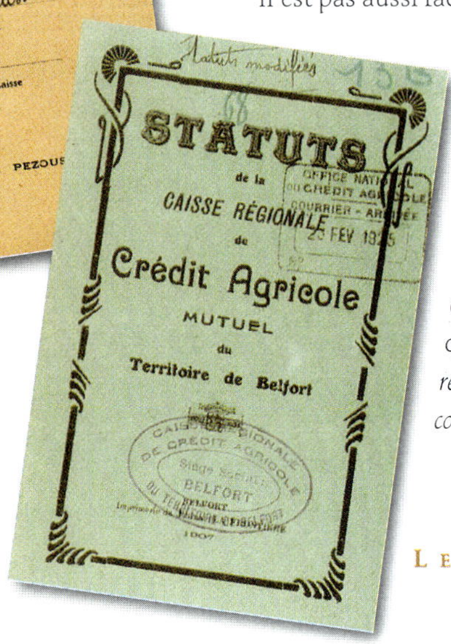
Statuts modifiés
STATUTS
de la
CAISSE RÉGIONALE
de
Crédit Agricole
MUTUEL
du
Territoire de Belfort

Quelques statuts originaux des caisses régionales : leur implantation s'étend sur l'ensemble du territoire dès 1913.

En 1920, les agriculteurs peuvent souscrire à l'emprunt de l'Etat, en engageant une partie de leur blé non encore vendu.

qu'il soit possible d'obtenir, à peu près comme le commerçant et le manufacturier, et sous les mêmes conditions et obligations qu'eux, des avances à courte échéance dans l'intérêt de ses opérations annuelles, soit qu'il s'agisse de faciliter les prêts à long terme, dont la propriété elle-même serait le gage, moyennant hypothèque ».

A cette date, le crédit hypothécaire est coûteux, soumis à des formalités multiples et très onéreuses. Malgré l'institution du Crédit foncier de France en 1852, la plupart des emprunts sur hypothèque sont contractés par l'intermédiaire des notaires et les conditions sont généralement très lourdes pour le paysan.

En présence de tant d'obstacles, il est naturel de penser à l'association qui a déjà fait ses preuves depuis longtemps en Allemagne où les Unions Raiffeisen claironnent que « *plusieurs agriculteurs isolés n'ont pas de crédit ; réunis, ils trouvent sans peine des prêteurs* ». On comprend alors que, pour réussir, la banque doit être placée près des agriculteurs et en relation étroite avec eux.

Pour le publiciste Emile Levasseur, « *le syndicat agricole sera la molécule germinative des caisses de crédit agricole* ». Effectivement, les premières associations françaises à l'instigation du crédit agricole naissent des syndicats malgré une forte opposition, beaucoup de personnes craignant que l'engagement financier des syndicats détourne d'eux nombre d'agriculteurs qui abandonneraient une structure en plein développement.

C'est ainsi que se constitue la Société de crédit mutuel de Poligny, née du syndicat de l'arrondissement. Organisée sous forme de société anonyme à capital variable, elle consent à ceux de ses sociétaires qui sont membres du syndicat agricole des prêts limités à 600 francs (soit un peu moins de 2 000 euros), pour l'achat de bestiaux, de semences, d'engrais ou d'instruments agricoles ; l'emprunteur fournit caution et les prêts sont faits par tranche de trois mois avec possibilité de renouvellement successifs pendant un an.

Jusqu'en 1894, l'exemple de Poligny a peu d'imitateurs.

Dès la fin du XIXe siècle, le paysan peut avoir recours au crédit, mais sa solvabilité est souvent précaire.

La loi du 5 novembre 1894 : le premier pas !

Par 524 voix sur 524 votants, les députés adoptent le texte qui, promulgué, devient la loi du 5 novembre 1894. Elle confère certains privilèges aux « *sociétés de crédit agricole qui seraient constituées soit par la totalité des membres d'un ou de plusieurs syndicats professionnels agricoles, soit par une partie des membres de ces syndicats, et qui auraient exclusivement pour objet de faciliter et même de garantir les opérations concernant l'industrie agricole et effectuées par ces syndicats ou par des membres de ces syndicats* ».

Dès l'adoption de cette loi, Jules Méline, son principal auteur, prend l'initiative de réunir un comité de personnalités compétentes pour organiser la nouvelle institution.

L'impulsion est donnée : le crédit agricole est né en France officiellement à la fin de l'année 1894.

En 1895, pour les promoteurs et administrateurs, deux auteurs issus du Centre fédératif du Crédit populaire, publient deux ouvrages qui font référence : E. Benoît-Lévy et son *Manuel des Sociétés de crédit agricole* et Charles Rayneri, qui publie *Le crédit agricole par l'association coopérative*.

La même année, Méline fonde à Remiremont, sa ville natale, la Banque agricole.

Patronnée par la Société de Poligny, une trentaine de Caisses voient le jour dans le Jura et en Haute-Saône.

En juin 1897, la France ne compte que 74 sociétés de crédit agricole. C'est bien peu ! Malgré toutes ces initiatives, il a du mal à s'enraciner.

Le premier siège du « Crédit Mutuel Agricole » de l'arrondissement de Poligny, à Salins (Jura).

La loi du 17 novembre 1897 : le nerf de la guerre !

La Banque de France, société privée, dispose du monopole d'émission de la monnaie fiduciaire, octroyé par l'Etat. Ce monopole lui est accordé pour un temps limité et comporte des contreparties financières qui sont versées à l'Etat sous forme de redevances.

L'échéance vient justement à terme le 31 décembre 1897.

Jules Méline, président du Conseil, saisit cette occasion pour faire doter les Sociétés de crédit agricole : un projet de loi déposé par Georges Cochery, ministre des Finances, prévoit que la Banque de France, parmi les contreparties qu'elle doit à l'Etat, devra leur consentir une avance de 40 millions de francs-or, remboursable en 1920, augmentée d'une redevance annuelle minimum de 2 millions.

Le 20 novembre 1897, trois jours seulement après la promulgation de la loi sur le renouvellement du privilège de la Banque de France, Méline et Cochery présentent à la Chambre le projet de création des Caisses régionales de Crédit agricole.

Son engagement pour l'agriculture étant sans faille, Jules Méline est nommé le 21 février 1883 à la tête du tout nouveau ministère de l'Agriculture.

La loi du 31 mars 1899 : naissance des caisses régionales

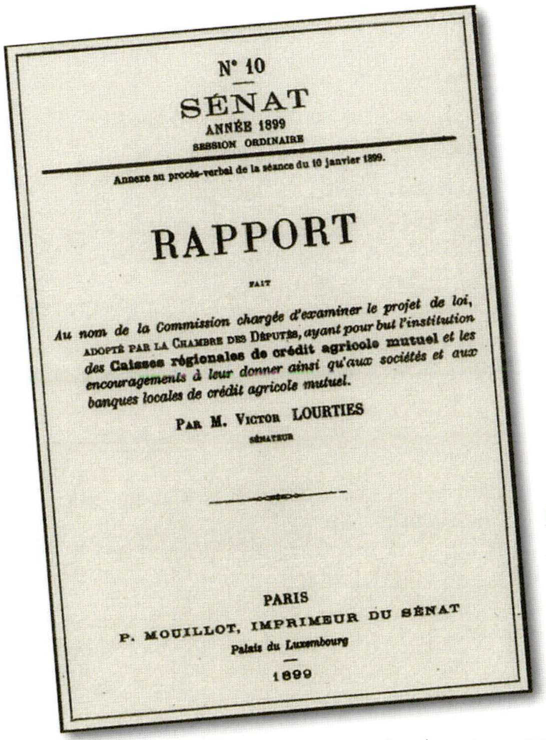

N° 10

SÉNAT

ANNÉE 1899

SESSION ORDINAIRE

Annexe au procès-verbal de la séance du 10 janvier 1899.

RAPPORT

FAIT

Au nom de la Commission chargée d'examiner le projet de loi, ADOPTÉ PAR LA CHAMBRE DES DÉPUTÉS, *ayant pour but l'institution des* **Caisses régionales de crédit agricole mutuel** *et les encouragements à leur donner ainsi qu'aux sociétés et aux banques locales de crédit agricole mutuel.*

PAR M. VICTOR LOURTIES

SÉNATEUR

PARIS

P. MOUILLOT, IMPRIMEUR DU SÉNAT

Palais du Luxembourg

1899

Rapport « Lourties » sur l'institution de caisses régionales de Crédit agricole mutuel (1899).

Le projet du gouvernement prévoit que l'avance de 40 millions de francs et la redevance annuelle de la Banque de France soient distribuées sans intérêt. Le sénateur Milliès-Lacroix tente de faire supprimer la mention « *sans intérêt* ». Albert Vigier, au ministère de l'Agriculture, soutenu par le rapporteur Victor Lourties, s'oppose à l'amendement de Milliès-Lacroix. Le sénat se rallie à leurs points de vue et adopte à l'unanimité le texte du gouvernement du 17 mars 1899. Le 31 mars, est promulguée la « *loi ayant pour but l'institution des caisses régionales de crédit agricole mutuel et les encouragements à leur donner ainsi qu'aux sociétés et aux banques locales de crédit agricole mutuel* ».

Les caisses régionales

En 1933, il existe plus de 6 000 caisses locales.

Dès la promulgation de cette loi, les premières caisses se créent, sans qu'aucune règle ne fixe l'étendue des circonscriptions dans lesquelles elles vont intervenir. Une caisse peut se trouver seule pour s'étendre sur plusieurs départements ; ailleurs, elles se mettent à deux pour investir le même département.

Elles sont constituées par des agriculteurs et des groupements agricoles, syndicats, sociétés d'assurances mutuelles, sociétés coopératives, sociétés d'intérêt collectif, chambres d'agriculture ou associations syndicales à but agricole.

La Maison de l'agriculture et le siège de la Caisse régionale du Pas-de-Calais à Arras, pendant le Congrès national de la Mutualité et de la Coopération agricoles, en 1928.

Ce sont, comme le précise la loi du 14 juillet 1929, de véritables sociétés coopératives ayant exclusivement pour objet de faciliter et de garantir les opérations concernant la production agricole effectuées par leurs sociétaires individuels ou collectifs.

Le but des Caisses régionales est de « *faciliter les opérations concernant l'industrie agricole effectuées par les membres des sociétés locales de crédit agricole mutuel de leur conscription et garanties par ces sociétés* ».

Le ministre de l'Agriculture est chargé de la répartition des avances entre les caisses régionales avec des représentants du Parlement, le gouverneur de la Banque de France et des représentants de l'administration, des représentants de la profession agricole.

Le décret du 6 mai 1900 confie une mission de contrôle à des agents temporaires. Les caisses doivent, en outre, informer le ministère de leurs activités de manière à permettre l'établissement d'un « Rapport annuel au président de la République », publié au *Journal officiel*.

Deux des premières affiches publicitaires du Crédit agricole pour les prêts aux paysans.

La même année, un service se crée au sein du ministère de l'Agriculture pour coordonner leurs actions.

En 1900, il existe 150 sociétés, filiales des syndicats, les unes à responsabilité limitée, les autres à responsabilité illimitée des sociétaires, effectuant des prêts pour le paiement au comptant de marchandises à acheter sur des foires et des marchés ou pour l'acquittement de marchandises livrées par les fournisseurs du syndicat agricole. En 1902, on dénombre 800 sociétés de crédit agricole et 44 caisses régionales. Le mouvement s'intensifie : presque toutes les caisses régionales seront fondées avant 1908.

La loi du 5 août 1920 : création de l'Office national de Crédit agricole

Adrien Dariac, ministre de l'Agriculture, constate que *« le Crédit mutuel et la coopération agricoles sont régis par onze lois différentes... »*, la réglementation manque d'unité et souffre d'incohérences, de contradictions et d'omissions.

Le 21 décembre 1910, Maurice Raynaud, ministre de l'Agriculture, nomme une commission chargée d'établir un projet de loi de codification. Aux côtés de hauts fonctionnaires, le gouverneur de la Banque de France la préside. La commission rend ses conclusions le 11 juillet 1914 : le ministre de l'Agriculture, Fernand David, dépose un projet de codification que l'entrée en guerre ne permet pas de discuter.

Au sortir de la Première Guerre mondiale, le Crédit agricole est bien implanté mais il est toujours très dépendant de l'Etat pour ses ressources et son fonctionnement.

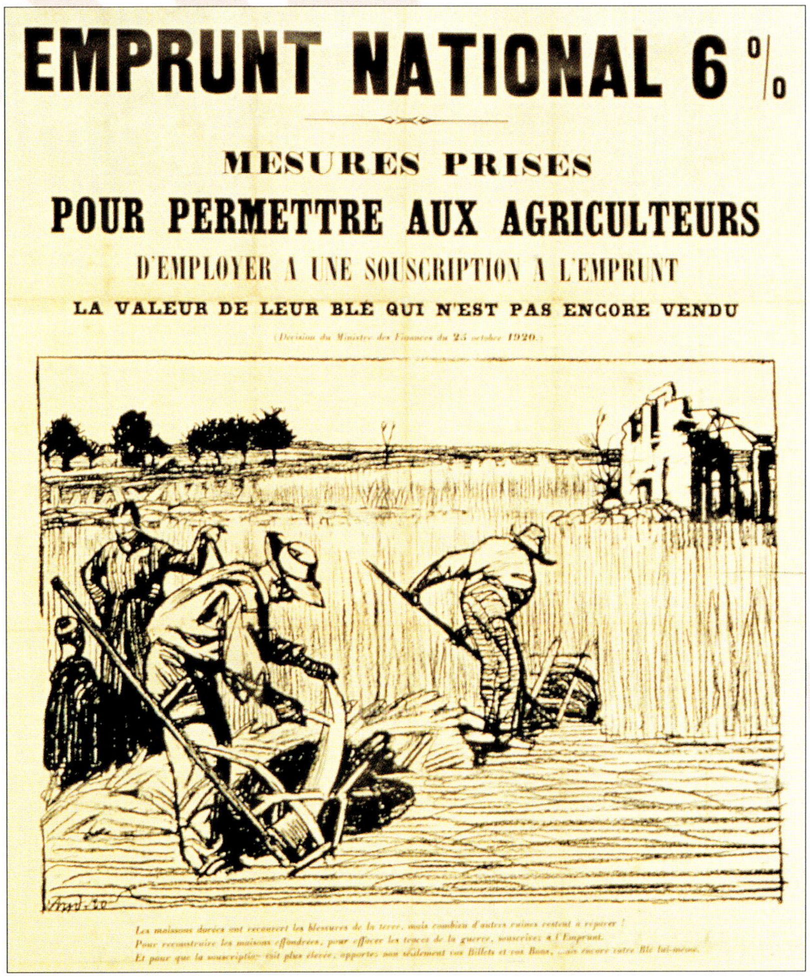

Affiche de l'Imprimerie nationale pour l'emprunt d'Etat de 1920.

PRÊTS DU CRÉDIT AGRICOLE.

Nous sommes constamment saisis de questions tendant à connaître les conditions des prêts. Les conseils d'administration des caisses régionales disposent de fonds limités et ne peuvent faire de prêts à caisse ouverte. Vous lirez donc avec intérêt les décisions suivantes d'une de ces caisses régionales.

Prêts à court terme. Deux décisions à 8 jours d'intervalle ont élevé le taux d'escompte de la Banque de France de 5 p. 100 à 7 p. 100. Le Crédit agricole suit obligatoirement en maintenant la marge de 1 p. 100 en plus au profit des Caisses locales pour leurs frais généraux et leurs réserves. Par conséquent, prêts nouveaux sur effets et renouvellements de ces effets sont actuellement décomptés à 7 p. 100. Nous signalons à ceux qui se croient en droit d'obtenir des prêts à long terme : 1° Que les fonds affectés à ce service ne sont pas inépuisables et que, par suite, la sélection des demandes devient plus rigoureuse ; en particulier, les aménagements par acquisition de bétail ou d'outillage ne relèvent plus du long terme, mais du moyen terme au taux du court terme ; 2° Que, malgré les textes qui se bornent à indiquer le maximum possible de 40 000 fr. pour les prêts à long terme, ce maximum n'est presque jamais accordé. En raison des fluctuations auxquelles est soumise la valeur des propriétés immobilières, le prêt sur hypothèque ne dépasse pas, à l'ordinaire, 50 ou 55 p. 100 de la valeur actuelle du gage. Une exploitation sur laquelle on pourrait prêter 40 000 fr. devrait donc valoir de 70 000 fr. à 80 000 fr. Ce ne serait plus une petite propriété rurale. Il est donc prudent, avant de passer des contrats d'achat, même en la forme de police, de vous enquérir des chances que paraît avoir une demande de prêt ; 3° Enfin, puisque des délais sont inévitables, introduisez votre demande de préférence plus tôt que plus tard.

Article tiré de la rubrique « Jurisprudence usuelle » « Jardins et basses-cours », 1925.

En 1919, une commission extra-parlementaire conclut que *« l'organisation rapide d'un Office national de Crédit agricole est devenue une impérieuse nécessité »*. Une proposition de loi est déposée le 8 août 1919 par les députés Tournan, Dariac et David. Le texte, dont le gouvernement Clemenceau accélère la discussion, est voté très rapidement. Le 17 octobre 1919, il est adopté en première lecture. Au Sénat, le texte arrive en discussion au lendemain de l'élection de la Chambre « bleu horizon » à majorité conservatrice. Après les dernière résistances, le texte est voté le 30 juillet 1920 pour être promulgué le 5 août : l'O.N.C.A. est né. Etablissement public, il est doté d'une autonomie de fonctionnement et d'une base juridique solide.

En un quart de siècle, le Crédit agricole s'est construit d'abord par « en bas », au plus près des agriculteurs. Quand il s'agit de poursuivre la construction par « en haut », la création de l'Office permet de renforcer l'autonomie du Crédit agricole, en même temps qu'elle préserve le fondement de son organisation décentralisée et la responsabilité des Caisses régionales. Parallèlement, l'Institution a élargi la panoplie de ses financements à l'agriculture et fait ses premiers pas dans le monde rural.

Il faut attendre 1922 pour que l'Office puisse fonctionner normalement. En 1926, l'Office devient la Caisse nationale de Crédit agricole ! Abrité dans un bureau de 12 mètres carrés au ministère de l'Agriculture, l'Office s'installe ensuite dans un local mansardé, loué aux 7 et 7 bis place du Palais-Bourbon.

En 1921, Tardy négocie l'acquisition de 1 400 mètres carrés aux deux premiers étages d'un immeuble au 5 de la rue Casimir-Périer. Le 18 novembre 1927, la Caisse nationale achète au vicomte de La Panouse un immeuble au 33 de la rue Saint-Dominique puis, le 8 août 1932, aux comtesses de Ganay et de Bonneval, un autre immeuble situé au 30 rue Las Cases.

La Caisse nationale est désormais bien implantée au cœur des ministères, à deux pas de celui de l'Agriculture.

De 1901 à 1930, le Crédit agricole affiche des graphiques de progression remarquables.

Jules Méline

(1838-1925)

Premier grand ministre de l'Agriculture

(Dessin satirique extrait du journal **Le Pilori** du 5 avril 1891)

Monsieur Méline a les yeux doux et le teint pâle, il est fluet comme la belette avant son entrée dans le grenier […] néanmoins le nez de M. Méline est un nez vosgien, tenace et courageux. Il est bien planté au milieu du visage. Il ne penche ni à gauche, ni à droite il ne regarde ni du côté des socialistes, ni du côté des réactionnaires… », commente Pierre Puget, journaliste, en 1896. De petite stature, il s'habille d'une façon stricte et sans élégance. Son visage émacié est encadré d'une impressionnante paire de favoris. A son allure ingrate s'ajoute une grande force de caractère. *« Il ne s'embarrasse pas de doutes inutiles »*, rappelle sa fille.

Né en 1838 à Remiremont dans les Vosges, il est avocat de profession. Opposant à l'empire, il est élu pendant la Commune premier adjoint au maire du 1er arrondissement de Paris, mais démissionne de son poste pour « raison de santé ».

En 1876, il est élu député républicain dans sa ville natale et occupe successivement deux postes de secrétaire d'Etat avant de devenir, de 1883 à 1885, ministre de l'Agriculture dans le second cabinet de Jules Ferry, un autre Vosgien. Sa nomination à la tête de ce tout nouveau ministère créé par Gambetta en 1881, suscite une surprise générale : il était plutôt attendu au Commerce.

Jules Méline est souvent caricaturé avec « le poireau » – le mérite agricole – qu'il crée pour « récompenser les bienfaiteurs de l'agriculture ».

Adepte d'une politique protectionniste, il fait voter des droits de douane sur l'importation du blé et du bétail. Ces premières mesures préfigurent la grande loi douanière du 11 janvier 1892 dont il est l'instigateur.
Son engagement en faveur de l'agriculture est sans faille : *« Le paysan doit vivre de sa terre et de son travail comme l'industriel de son industrie. »*
Chaque fois que par la suite, il est appelé au gouvernement, c'est le poste de ministre de l'Agriculture qu'il revendique, même quand il devient président du Conseil de 1896 à 1898. Politiquement, ce républicain est inébranlable.
Il faut rappeler qu'il est le créateur du « Mérite agricole », surnommé le *poireau*, récompense des bienfaiteurs de l'agriculture.

Quelques précurseurs...

ALBERT VIGER (1843-1926) - Sept fois ministre, il est l'un des promoteurs de deux lois fondatrices du Crédit agricole, celle de 1894 sur les caisses locales et, en tant que ministre de l'Agriculture, celle de 1899 sur les caisses régionales.

ALBERT PAPELIER (1845-1918) - Ami de Jules Méline, le 22 avril 1899, il fonde, avec l'appui de l'industriel Charles de Dombasle, la première Caisse régionale de l'Est, à Nancy.

JULES MÉLINE, le 27 juin 1899, crée à Epinal, la Banque régionale agricole de l'Est.

EMILE DUPORT (1851-1907) - Suite à son mariage avec l'héritière d'une longue lignée d'agriculteurs, il devient une personnalité active du monde viticole. Il crée, le 15 octobre 1888, l'Union du Sud-Est des Syndicats agricoles ; le 17 janvier 1893, il fonde la Coopérative du Sud-Est ; en 1894, il organise les sociétés locales de Crédit agricole et fonde, le 29 juin 1899, la Caisse régionale de Crédit agricole du Sud-Est.

CHARLES EGASSE (1847-1930) - Exploitant agricole, président du syndicat agricole d'Eure-et-Loir, il est le principal animateur de la Caisse régionale de la Beauce et du Perche, du 24 août 1899, date de sa fondation, jusqu'en 1930.

AUGUSTE MULAC (1847-1928) - Rédacteur en chef du journal *La Charente* de 1879 à 1885, il embrasse une carrière politique en 1890. Il est le fondateur, le 15 novembre 1899, de la Caisse régionale d'Angoulême.

1914-1918 : LA GRANDE SAIGNÉE

Jean-Noël GRANDHOMME

Professeur agrégé en histoire contemporaine à l'université « Marc Bloch » de Strasbourg

Ci-dessus : *En 1914, toutes les occasions sont bonnes pour ridiculiser l'ennemi.*

Lorsqu'en août 1914, le tocsin annonce la mobilisation générale, c'est aux champs qu'il surprend la majorité des Français. Sur les 3 700 000 paysans qui revêtent l'uniforme, 673 000 seront tués (la moitié environ des victimes françaises du conflit) ; 500 000 reviendront invalides. Les monuments aux morts des villages de France témoignent aujourd'hui encore de l'ampleur de la tragédie de 1914-1918 en milieu rural.

Le petit paysan propriétaire, endurci par la rude vie des campagnes, forme l'ossature de l'armée. Par-delà la Patrie, comme le prouve sa correspondance, le poilu est viscéralement attaché à son champ et à ses bêtes, presque autant qu'à sa

Un préfet laboureur : M. Rang des Adrets, préfet des Deux-Sèvres, conduisant en personne un tracteur automobile agricole. « L'Illustration », 5 mai 1917.

A proximité de la ligne de front, la terre est remise en culture : une « batterie » de charrues à tracteurs laboure sous la direction d'un officier agricole ; des soldats plantent des arbres fruitiers offerts par le Comité américain pour remplacer les arbres mutilés et sciés par les Allemands. « L'Illustration », 22 décembre 1917.

famille. Arc-bouté dans sa tranchée, il semble consubstantiel de la terre de France dans laquelle se dissout si souvent son corps. Aux yeux des intellectuels, des hommes politiques et des généraux, il se mue en une figure mythique.

« Parti aux moissons, revenu pour les vendanges » : le rêve d'une guerre courte s'évanouit dès septembre 1914. Dans la plupart des fermes ce sont les anciens, les adolescents, et surtout les femmes qui accèdent aux responsabilités, ce qui bouleverse la société paysanne. Bientôt des permissions agricoles sont instaurées, car il faut plus que jamais nourrir les civils, fournir son « rata » et son quart de vin au soldat. Il est aussi fait appel à la main-d'œuvre militaire, coloniale et immigrée, et aux prisonniers de guerre.

Paradoxalement, la plupart des soldats qui ont la chance de rentrer après la guerre retrouvent une exploitation prospère. La hausse des prix des années 1917-1918 en a enrichi plus d'un. Mais ces satisfactions matérielles – qu'il convient d'ailleurs de ne pas généraliser – ne peuvent leur faire oublier qu'ils ont payé plus lourdement que toute autre catégorie sociale « l'impôt du sang ». Devenus profondément pacifistes, routiniers par peur du lendemain, ils sont aussi quelque peu aigris contre les ouvriers mobilisés dans leurs usines : autant de facteurs qui expliquent leur attitude de repli face au second conflit mondial.

J.-M. G

« Nos soldats d'aujourd'hui savent même labourer les champs pendant la guerre : ils assurent ainsi doublement la sauvegarde de leur pays. » « Le Petit Journal », 14 janvier 1917.

Le bétail et ses dérivés

Jusqu'au début du XIXe siècle, l'aménagement et l'hygiène des bâtiments ruraux laissent à désirer.

En 1900, le fumier représente une valeur de 831 500 000 francs (soit 2 milliards 600 millions d'euros) pour une production de 83 150 000 tonnes et les agronomes les plus éminents s'accordent à traiter le bétail de *« mal nécessaire : les animaux de ferme sont des instruments de culture, des auxiliaires coûteux, devant travailler le sol et donner le fumier indispensable au maintien de la fertilité »*.

Avec le XXe siècle, les agriculteurs construisent des locaux bien situés, spacieux, aérés et sains : les animaux peuvent facilement s'y coucher. La consommation de la viande et du lait se développe, la science et l'enseignement agricole progressent : méthodiquement, les races sont améliorées et la nourriture fait l'objet de savantes recherches.

En Nivernais : la traite des vaches dans la prairie.

« La Vie à la campagne », octobre 1930.

Le bétail devient une machine économique fournissant la force, la viande, le cuir et la laine, la graisse, le beurre, les fromages et le fumier.

Le cuir, produit dérivé de l'élevage, fait vivre des tanneries, notamment vers Limoges ; des fabriques de chaussures localisées à Limoges, Bellac, Vienne, Fougères, Vitré, Toulouse, Nîmes, Nancy et Paris. Quant à l'industrie gantière localisée notamment à Millau, Niort et Chaumont, en 1930, les peaux de moutons et de chèvres ont fourni 6 741 000 paires de gants !

Pour la traction, la Normandie, la Beauce, l'Ile-de-France, le Nord, le Pas-de-Calais, la Picardie, la Flandre et les régions viticoles utilisent le cheval comme animal de trait, alors que les Vosges, le Jura et les régions du Sud préfèrent le bœuf. Les petites exploitations de la Marche et du Limousin choisissent la vache ; celles du Sud-Est et des Landes emploient le mulet.

Pendant la Première Guerre mondiale, les réquisitions de chevaux ont conduit beaucoup de paysans, notamment ceux du Nord, à revenir au bœuf de labour.

De 1915 à 1918, la France perd 1 million de chevaux, 2 millions et demi de bovins, 7 millions de moutons, 3 millions de porcs.

« Un fleuve de lait serait formé par les 110 millions d'hectolitres fournis par 7 millions 400 000 vaches de nos fermes françaises. » (« Jardins et basses-cours », 1925)... mais son transport reste souvent sommaire !

Intérieur d'une vacherie.

Lait, beurre, fromages

Auvergne : transport du lait au buron.

C'est après 1850 que la filière « lait » réalise de très grands progrès en matière d'hygiène et de conservation.

Dans les grandes vacheries, le lait est refroidi dès la traite, en tombant en cascade ou en ruisselant le long de surfaces métalliques refroidies par de l'eau ou de la glace. Il passe ensuite sur des filtres en toiles métalliques, en diaphragmes de coton, en couches de cellulose.

Mabru, reprenant les expériences d'Appert, crée en 1854, la stérilisation. Son procédé consiste à chauffer dans un autoclave des bouteilles remplies de lait, à en expulser l'air, à les boucher hermétiquement tout en maintenant le niveau de remplissage.

En 1866, Pasteur montre qu'un chauffage modéré, entre 55 et 60 degrés, dote les vins d'une résistance manifeste aux maladies microbiennes : la pasteurisation est alors étendue au lait destiné à la consommation urbaine et au petit lait servant à l'alimentation des veaux et des porcs. Il est livré chez le consommateur soit dans des bidons de fer-blanc, soit dans des carafes soigneusement bouchées.

Dans le même temps, Martin de Lignac invente la condensation, c'est-à-dire l'évaporation partielle du lait. Préalablement additionné de 60 grammes de sucre par litre, il est chauffé dans un bain-marie à 105 degrés. La caséine lactique est absorbée par la fabrication des papiers couchés et l'encollage des bois contreplaqués ; la présure sert à fabriquer des matières plastiques pour des boutons, des peignes et des bâtons. Il faut attendre 1884 pour voir le premier pasteurisateur digne de ce nom.

Ci-dessous à gauche : *Briare : l'arrivage du lait par les voitures à chien.* Ci-dessous à droite : *Hautes Vosges : fabrication du munster.*

Sur les marchés des villes et villages, 100 000 tonnes de beurre sont commercialisées directement par les femmes venues des fermes environnantes.

Le contrôle du lait prend une grande importance : des *romaines* servent aux pesées ; pour doser la crème, le lait est soumis à la force centrifuge dans des tubes fins et pour doser le beurre, il est traité par l'acide sulfurique avant de passer à la centrifugeuse.

Si la chimie et la microbiologie apportent le plus précieux concours, la mécanique ne reste pas inactive : elle fournit une contribution remarquable, notamment par la création d'écrémeuses centrifuges et de barattes.

La fabrication des fromages ne fait pas l'objet de transformations importantes : pour les fromages à pâte molle, les progrès du matériel se bornent à des moules et des paillons. Les fromages à pâte ferme exigent un outillage plus compliqué, notamment des presses et des chaudières à feu nu ou à vapeur.

En 1929, la production totale de fromage de vache atteint 195 400 tonnes, celle de brebis 15 100 tonnes, celle de chèvre 18 800 tonnes.

Plus de 4 500 fromageries se répartissent dans l'Aveyron (533), en Savoie (503), en Haute-Savoie, dans le Jura, le Doubs et le Cantal.

L'industrie fromagère est groupée en une Fédération nationale qui réunit onze syndicats, 800 adhérents transformant 2 500 000 litres de lait par jour.

Quant au beurre, il existe en France deux formes différentes de production : le « beurre de ferme », fabriqué chez les petits cultivateurs ; ils écrèment leur lait pour nourrir leurs porcs, leurs veaux et leurs volailles ; ils barattent la crème et commercialisent directement jusqu'à 100 000 tonnes de beurre sur les marchés voisins.

La production du « beurre de laiterie » ou beurre industriel représente 90 000 tonnes. La production atteint 7 000 tonnes dans le Nord, le Pas-de-Calais, la Seine-Inférieure, le Calvados, la Manche, les Côtes-du-Nord, le Finistère, le Morbihan, l'Ille-et-Vilaine, la Loire-Inférieure, la Vendée, les Deux-Sèvres ; de 4 000 à 7 000 tonnes dans l'Orne, la Sarthe, l'Indre-et-Loire…

Saint-Maurice (Vosges) : le laitier.

Carte publicitaire d'un élevage de montbéliardes, dans le Doubs.

Les bovins

C'est sans doute le bétail pour lequel la révolution la plus complète marque la dernière partie du XIXe siècle. Si les bœufs et vaches sont encore utilisés comme force motrice et pour le fumier, leur rôle principal est aujourd'hui de fournir des débouchés rémunérateurs par la viande et le lait.

Les procédés d'amélioration des races mis en œuvre par sélection et croisement, l'extension des prairies artificielles par la vulgarisation des engrais commerciaux, l'accroissement des surfaces consacrées aux racines et tubercules, les nouveaux aliments permettent de mieux nourrir les animaux dès leur plus jeune âge, de hâter leur croissance et du même coup l'heure de l'abattage, ramené progressivement de huit ans en 1860 à quatre ans en 1905, tout en obtenant des aptitudes combinées : viande et travail, lait et viande, parfois lait, viande et travail.

Races à viande

Pour la production de la viande, presque toutes les régions ont recours à la sélection et au croisement. Pourtant, il est des contrées d'où le croisement a été banni : la race limousine, rendue incomparable comme race de boucherie par les éleveurs de Haute-Vienne et dans tout le nord du bassin de la Garonne, réunit des qualités exceptionnelles grâce à une sélection patiente.

Génisses de la race d'Aubrac.

Pour le croisement en vue d'obtenir des races à viande, l'élevage s'est tourné vers l'introduction de taureaux anglais durhams, surtout dans la Nièvre, le Cher, l'Allier, la Mayenne et la Sarthe. Commencés en 1830 par le comte de Bouillé, la vacherie de Villars poursuit les croisements jusqu'en 1840 et fournit la souche de la race charolaise-nivernaise, douée d'une extrême aptitude au travail et à l'engraissement. Dès 1870, elle s'installe dans l'Oise et dans toutes les exploitations importantes. En 1909, elle forme les deux tiers de l'effectif total des bouveries.

De 1897 à 1909, le poids net moyen des bœufs est passé de 370 à 417 kilos, celui des vaches de 282 à 370 kilos, celui des taureaux de 403 à 446 kilos et celui des veaux de 78 à 98 kilos.

En 1929, un peu plus de 7 millions de bovins abattus ont fourni à la population française 1 000 tonnes de viande de boucherie.

Races à lait

Pour la production laitière, les éleveurs français opèrent exclusivement la sélection des races nationales, recherchant comme mères les vaches fortement laitières, comme pères les taureaux provenant d'une mère et d'une famille très laitières. Pour développer le fonctionnement de la mamelle, ils se sont avisés de soumettre les vaches à la traite dès le vêlage et de ne pas laisser téter les veaux.

L'institution des syndicats d'élevage et des concours, la tenue des livres généalogiques doivent être mentionnés comme autant de facteurs actifs dans l'amélioration des races bovines.

En 1882, les vaches laitières ont produit 68 millions d'hectolitres de lait pour une valeur de 3 milliards 600 millions d'euros.

En 1929, le temps d'utilisation d'une vache laitière est de dix à douze ans.

La France compte alors 8 100 000 vaches laitières qui fournissent 13 840 000 hectolitres de lait, soit une moyenne de 1 500 litres par vache : un quart est utilisé pour l'alimentation des veaux ; le reste est transformé en beurre (1 900 tonnes) et en fromages (195 400 tonnes).

Leur traite et l'entretien occupent plus de 1 500 000 fermes : 10 % possèdent plus de vingt vaches ; 12 % de cinq à vingt ; 78 % moins de cinq vaches.

1929 : production annuelle de lait par vache et par région

- 2 200 litres dans la Manche, le Calvados, le Tarn, le Gard
- 2 000 litres dans la Somme, le Pas-de-Calais, le Nord, l'Aisne, le Jura, le Doubs, la Haute-Saône
- 1 800 litres dans la Mayenne, la Sarthe, l'Aube, l'Yonne, les Vosges, la Côte-d'Or, le Gers
- 1 500 litres dans l'Isère, la Savoie, la Haute-Savoie, les Hautes-Alpes
- 1 200 litres dans le Finistère, le Morbihan, les Ardennes
- 1 000 litres dans la Haute-Vienne, la Creuse, le Cantal, la Lozère
- 800 litres dans les Landes et la Gironde.

De haut en bas : *Un taureau de l'Aveyron ; une montbéliarde et une normande, premier prix du Concours agricole de Paris.*
À droite : *Un spécimen de la race bleue du Nord.*

Statistiques des bovins en France

1850		11 000 000 têtes
1882		12 900 000 têtes
1892		13 700 000 têtes
1929		16 510 856 têtes
	dont	8 544 812 vaches
		1 287 082 bœufs
		210 320 taureaux
		3 151 308 élèves de moins d'1 an
		3 317 334 élèves de plus d'1 an

La densité moyenne, pour la France est de 29 bovidés par kilomètre carré, mais on en dénombre 91 dans la Manche ; 60 à 70 dans le Morbihan, le Seine-Inférieure, la Vendée, les Deux-Sèvres ; 50 à 60 dans le Finistère, les Côtes-du-Nord, la Mayenne, le Calvados ; 40 à 50 dans la Creuse, la Sarthe, la Haute-Vienne. Le chiffre tombe à 3 dans les Alpes-Maritimes, à 2 dans les Bouches-du-Rhône, à 1 dans l'Hérault, le Gard et le Vaucluse.

Les ovins

Jusqu'au milieu du XIXe siècle, l'exploitation des moutons n'est considérée que pour la production de la laine et du fumier. Ce n'est qu'à partir de 1880 que la viande passe au premier rang. Ils sont gardés jusqu'à un âge avancé et les troupeaux ne se renouvellent complètement que tous les huit ou neuf ans.

L'élevage se concentre dans les Causses de l'Aveyron et du Limousin, les garrigues du Languedoc, les steppes de la Crau, les régions sèches du Midi, sur les terres calcaires de Champagne. Dans les régions riches de la Brie et de la Beauce, ils sont nourris en bergerie et ne sortent dans les Chaumes qu'après les moissons. Ils sont aussi élevés dans les prés salés de Normandie et des Charentes.

La densité moyenne des ovins est de 18 par kilomètre carré pour toute la France mais elle atteint 72 dans l'Aveyron ; 60 à 70 dans les Bouches-du-Rhône ; 40 à 50 dans les Basses-Pyrénées et la Lozère ; 30 à 40 dans l'Ariège, le Lot, les Basses-Alpes, les Pyrénées-Orientales, l'Eure-et-Loir et la Haute-Loire.

En 1929, 4 605 700 ovins ont été abattus pour fournir 1 000 tonnes de viande de boucherie.

La suppression de la jachère et de la vaine pâture, la concurrence des laines australiennes et argentines, l'effondrement du prix de la laine française, la rareté des bergers entraînent une chute constante de leur nombre : 29 530 000 en 1862, 21 116 000 en 1892, 18 000 000 en 1902, 11 123 000 en 1929, 9 500 000 en 1935.

Outre les agneaux, les brebis donnent un lait très riche en caséine avec lequel sont fabriqués d'excellents fromages, dont le roquefort. Un million deux cent mille brebis fournissent 85 900 hectolitres de lait pour 15 000 tonnes de fromage. L'Aveyron vient en tête de la production, suivie de près par les Basses-Pyrénées.

Troupeau de brebis en Corse.

À gauche : Alsace : un pâtre traverse le village et regroupe les moutons de plusieurs fermes.

Auvergne : départ du troupeau.

Les chèvres

A Paris comme sur les plages, le lait de chèvre est fort prisé pour les jeunes enfants...

Elles sont appelées les vaches du pauvre, pour les régions pauvres. Elles sont exploitées pour la viande, le lait, la toison et le fumier fort estimé.

Le lait, proche de celui de la femme, convient aux estomacs délicats et aux dyspeptiques ! Plus d'un million de chèvres fournissent chaque année 304 000 hectolitres de lait fort prisés pour les fromages : en 1929, la production totale atteint 18 800 tonnes. Les départements producteurs sont les Deux-Sèvres et l'Indre-et-Loire pour 2 000 tonnes, puis la Vienne, l'Ardèche, la Drôme, la Corse et l'Isère, avec plus de 1 000 tonnes.

Albi : un chevrier au milieu de son troupeau.

La toison sert au tissage de certains velours ; le *maroquin* et le *chagrin* sont des cuirs très recherchés pour la fabrication des chaussures. Le suif, mélangé à celui du bœuf, est utilisé pour les chandelles.

Leur nombre n'a guère évolué au fil du temps : 1 726 000 en 1852, 1 851 000 en 1882, 1 845 000 en 1892, 1 434 000 en 1913.

En 1929, on en compte 229 000 en Corse, 176 000 en Ardèche, 98 000 en Isère, 83 000 dans la Drôme, 77 000 dans l'Indre, 69 000 dans les Deux-Sèvres, 30 000 en Moselle.

« La Vie à la campagne », novembre 1924.

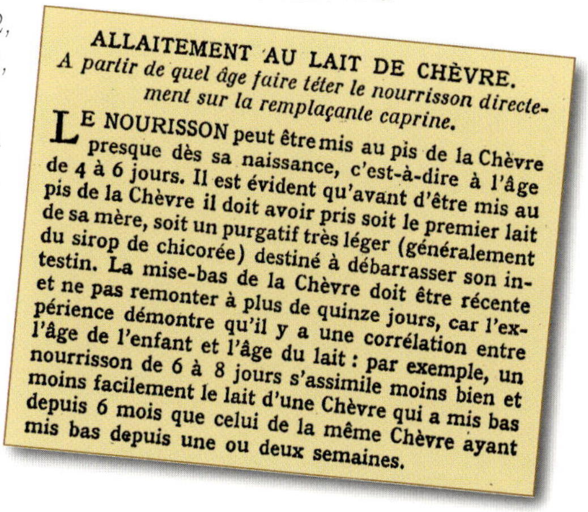

ALLAITEMENT AU LAIT DE CHÈVRE.
A partir de quel âge faire téter le nourrisson directement sur la remplaçante caprine.

LE NOURISSON peut être mis au pis de la Chèvre presque dès sa naissance, c'est-à-dire à l'âge de 4 à 6 jours. Il est évident qu'avant d'être mis au pis de la Chèvre il doit avoir pris soit le premier lait de sa mère, soit un purgatif très léger (généralement du sirop de chicorée) destiné à débarrasser son intestin. La mise-bas de la Chèvre doit être récente et ne pas remonter à plus de quinze jours, car l'expérience démontre qu'il y a une corrélation entre l'âge de l'enfant et l'âge du lait : par exemple, un nourrisson de 6 à 8 jours s'assimile moins bien et moins facilement le lait d'une Chèvre qui a mis bas depuis 6 mois que celui de la même Chèvre ayant mis bas depuis une ou deux semaines.

Les porcs

L'exploitation des porcs a toujours eu pour objet unique la production de la viande. Des améliorations notables de l'élevage se réalisent au cours du XIXe siècle notamment par l'enrichissement de l'alimentation en pommes de terre et en résidus de l'industrie laitière. Devenu très rémunérateur, l'élevage s'intensifie légèrement pour donner en un temps plus court des animaux d'un développement bien supérieur.

Les principales races françaises améliorées par sélection sont la craonnaise, la lorraine, la normande, la limousine et la périgourdine. Quelques races anglaises sont introduites : yorkshire, berkshire, hampshire.

Le nombre de porcs en France se stabilise après une augmentation progressive au cours du XIXe siècle : 4 900 000 en 1840, 7 421 000 en 1892, 7 522 000 en 1904, 7 035 000 en 1913.

L'élevage se répartit surtout dans le Massif central, la Bretagne, l'Est et le Nord avec une densité de 30 à 35 bêtes au kilomètre carré dans le Bas-Rhin, la Moselle et la Corrèze ; de 25 à 30 dans les Côtes-du-Nord, la Haute-Vienne, l'Aveyron et l'Allier ; de 20 à 25 dans le Finistère, le Morbihan, l'Ille-et-Vilaine, le Nord, la Creuse, les Deux-Sèvres.

En 1929, près de 7 millions de porcs ont été abattus pour une production de 509 000 tonnes de viande de boucherie.

« Le Monde Moderne », 1899.

Il est un autre aliment animal que le porc ne saurait consommer *sans inconvénient pour lui* et pour l'homme : c'est le rat. Il est vrai que ce sont souvent de simples représailles ; car on a vu des cochons gras (et ce n'est pas d'hier, puisque Varron en parle déjà) dans le dos desquels des rats avaient creusé leurs galeries, mangeant tout le lard contenu entre le cuir et la chair, sans causer aucune douleur à la bête, car le lard ne contient pas de filets nerveux, et par suite il est insensible. Or les rats sont souvent trichinés. Cette révélation pendant le siège de Paris a fait tomber brusquement le prix du rat de 1 fr. 25 à 0 fr. 25, et l'on admet aujourd'hui que c'est en mangeant les rats que les porcs contractent la trichine. Il faut donc veiller à la bonne construction des porcheries pour fermer le passage aux rats, et se préoccuper de la destruction de ces rongeurs.

« Tout est bon dans le cochon ! »
Pour tous les paysans, son élevage et son commerce sont rémunérateurs.

Les chevaux

À la fois animal de trait, de selle et de boucherie, le cheval de ferme a connu de grandes modifications dans son utilisation et donc dans son élevage, notamment avec le développement de la motorisation. Malgré des efforts poursuivis depuis le XIXe siècle, l'entrée de la viande de cheval dans l'alimentation humaine reste limitée.

Leur nombre est à peu près constant : 2 837 000 en 1882, 3 138 000 en 1902, 3 135 000 en 1929, dont 2 887 438 pour les travaux de la ferme et 230 000 pour la viande de boucherie.

Le temps maximum d'utilisation d'une jument ou d'un cheval de trait est de quinze à vingt ans.

En 1913, plus de 135 000 chevaux partent en manœuvre avec nos soldats.

À gauche : *« La Vie à la campagne », 1930.*

Les ânes et les mulets

Animaux sobres, ces bêtes de somme sont utilisées sur les routes mal entretenues et comme animaux de trait des pauvres ou des pays sans herbe, ou pour les menus charrois et les courses en ville.

Ils sont surtout élevés dans le Poitou, la Gascogne, la Provence, le Languedoc. En 1929, 6 500 ânes et 7 900 mulets ont été abattus pour fournir la viande de boucherie.

Leur nombre a considérablement baissé avec l'accroissement de la richesse générale. En 1929, la Corse compte 6 868 mulets et 23 315 ânes ; la Vienne, 5 244 mulets et 9 296 ânes.

Le marchand de lait d'ânesse.

Statistiques du nombre de mulets et d'ânes

année	mulets	ânes
1840	374 000	413 500
1892	217 000	368 695
1913	163 000	356 360

La garde des troupeaux

Dans toutes les régions de gros élevage, tant de plaine que de montagne, les bêtes à cornes, les moutons, les porcs, les oies, parfois même les dindons, sont confiés à la garde de bergers.

Dans certains petits villages, la fermière ou un enfant garde le troupeau tout en tricotant, en lisant ou en faisant ses devoirs. Dans d'autres, un berger ou un pâtre regroupe les animaux de plusieurs fermes. Il sonne de la trompe ou siffle sur la place publique, vers 7 heures du matin. De chaque étable, les animaux sortent et se groupent en un point donné, par espèce, et gagnent son pâturage, avec son berger. A la tombée de la nuit, les troupeaux reviennent et à l'appel de la trompe ou du sifflet, chacun reprend son cheptel qui regagne l'étable pour la nuit.

DES AIGLES EN BRETAGNE

Les habitations spéciales

Gardiens et bergers séjournent dans des habitations saisonnières appelées *chalets* en Isère, *burons* en Auvergne, *cujolais* dans les Pyrénées, *jasseries* dans le Forez, *masues* dans l'Aubrac, *mazets* dans le Rouergue, *montagnettes* en Savoie, *gabios* dans le Limousin, *cadoles* en Bourgogne… Comportant peu d'ouverture et un mobilier très rudimentaire, elles servent surtout à la fabrication des fromages. Certaines d'entre elles sont flanquées d'une petite porcherie annexe où quelques porcs sont engraissés avec le petit lait.

La transhumance des vaches

Avant de les faire sortir des étables, les propriétaires étrillent leurs bêtes, huilent les cornes, enfilent les sonneries d'été : de grosses cloches ou de magnifiques sonnailles de cuivre battu ou d'argent, montées sur de larges colliers de cuir noir garnis de gros clous de cuivre et de boucles dorées.

Les troupeaux de vaches, appelés souvent les *vacheries*, partent généralement un matin, à l'aube, entre la Saint-Urbain, le 25 mai et la Saint-Claude, le 6 juin.

Les bêtes de chaque vacherie portent une marque servant à les identifier. L'animal conducteur, c'est-à-dire la plus belle vache du troupeau – appelée *reine* dans les Alpes, *brête* dans les Landes, *bravarde* dans le Forez –, est orné de bouquets de fleurs et de rubans attachés aux cornes, d'un brin de buis béni, de pompons ou de sculptures de bois peint.

DES AIGLES EN BRETAGNE

De divers points de la Bretagne, et notamment du Morbihan, on a signalé, ces jours derniers, la présence d'aigles qui, chassés des régions montagneuses de l'Est ou encore de l'Écosse par le froid, ont émigré dans ces régions beaucoup plus tempérées.

Près de Lorient, un chasseur tua un de ces rapaces, au moment où l'oiseau de proie allait lui faire un mauvais parti. Plusieurs aigles planèrent longtemps près du village de Botusche, et, malgré la présence de cultivateurs, osèrent s'abattre sur des troupeaux paissant dans les champs.

« Le Petit Journal », 31 janvier 1909.

Dans les vastes pâturages landais, le gardien, monté sur échasses, domine son troupeau.

Le pressage du « petit lait » dans un « buron » d'Auvergne.

Lorsqu'il y a deuil chez l'un des propriétaires, clochettes et ornements sont supprimés. Un drapeau noir orné d'une croix blanche est posé sur la tête d'une ou deux vaches et un crêpe noir est enroulé autour des cornes de la reine du troupeau.

Le troupeau en marche rejoint celui du voisin et ainsi de suite. A sa tête, un homme appelle les animaux, deux ou trois autres ferment la marche, puis viennent les ânes et les charrettes chargés de quelques ustensiles et de la chaudière pour la fromagerie, la baratte, le vase à traire, la literie et les vivres.

La transhumance des moutons

En Provence, dans les Alpes, le Massif central, les Pyrénées, le Dauphiné, les transhumants se mettent en route au mois de mars.

Souvent plusieurs propriétaires réunissent leurs troupeaux au nombre de 6, 8, 12, parfois 25 000 bêtes jusqu'à former une *compagne*. Les animaux sont tondus et portent, sur le côté droit, un signe particulier à la poix fondue ;

À droite : Dans le Forez : gardiennes de troupeaux fabriquant des chapelets.

Un chalet de transhumance, en montagne.

Bergers ou bergères gardent les troupeaux tout en tricotant ou en filant.

les queues des brebis sont coupées au-dessus du jarret. Chaque compagne est subdivisée en *scabois*, *escabots* ou *escabouets* de 1 600 à 2 400 bêtes de même sexe, âge et espèce, sous la conduite de six hommes et deux ou trois chiens : à leur tête marchent les *menons* formés d'une vingtaine de chèvres et de boucs châtrés de quatre ans, les *menaïres*, chargés de conduire le troupeau. Derrière les menaïres qui règlent l'allure, viennent les *floucas*, moutons castrés portant des flots de laine. En tête ou au milieu du troupeau, les ânes sont chargés de deux sacs contenant les effets, les provisions et le matériel. La partie la plus faible du troupeau ouvre la marche et ainsi successivement jusqu'à la plus forte qui termine la compagne.

Il y a un chien pour 400 bêtes. Chiens de parc, chiens de pied et chiens de flanc font la navette. Chaque escabot est subdivisé en *bastoun d'avé* : c'est la fraction du troupeau mise sous la *houlette* ou le *bâton* du berger ou *baile*.

Les brebis sont comptées par *trenteniers* (trentaines) : quatre bastoun se composent de douze trenteniers, soit 360 bêtes.

Les tondailles

La tonte des moutons donne lieu à des réjouissances traditionnelles. Dans beaucoup de provinces, les familles prennent huit jours de *vacances de tondailles* pour aider le propriétaire, vers la fin juin, mais souvent le jour de la Saint-Jean, à laver les brebis et commencer à les tondre.
Le repas terminal, nommé *poëlée*, comporte des mets particuliers, dont la traditionnelle bouillie de farine de blé, la *fromentée*, et des galettes.
En Provence, la fin de la tonte effectuée par une équipe spécialisée de huit à dix hommes appelée *chourmo*, donne lieu à un grand repas pour lequel le plus gras des moutons est sacrifié.

Avant les tondailles, le jour de la Saint-Jean, les moutons sont lavés.

L'alimentation du bétail

La consommation de sucre pour le bétail passe de 25 tonnes en 1905 à 100 tonnes en 1906. A 100 kg de sucre, on ajoute 2 kg de sel et 20 kg de tourteaux.

Orme conduit en têtard.

Pendant longtemps, en dehors des pâturages, le foin reste la nourriture exclusive des animaux de la ferme. Dans le centre de la France, jusqu'en 1930 environ, les frênes, les ormes et les chênes sont cultivés en têtards et périodiquement coupés : les feuilles servent à l'alimentation du bétail, notamment des moutons. Ces plantations arbustives sont qualifiées de « *prairies aériennes* ».

A partir du XXe siècle, les agronomes multiplient les recherches pour satisfaire les besoins supplémentaires de l'animal en vue d'accroître la production de la chair, du lait, de la graisse et la force. Ils trouvent les équivalents nutritifs dans diverses substances : déjà, les farines de viande deviennent la panacée pour l'alimentation du bétail… et on en connait maintenant les conséquences !

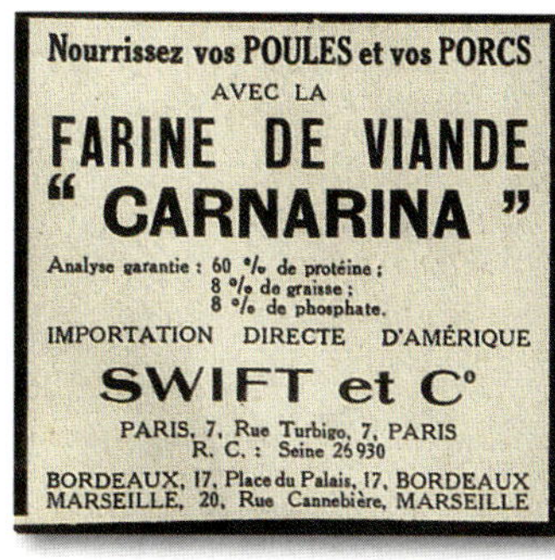

« La Vie à la campagne », août 1925 : les farines animales ne sont pas encore à l'index !

Concours généraux et régionaux

Autrefois, le Concours général de Paris ne recevait que les animaux gras destinés à la boucherie. A la demande de nombreux agriculteurs, le gouvernement y annexe les animaux reproducteurs des espèces bovine, porcine et ovine. Peu à peu, le cadre s'en est élargi : chaque année le nombre des exposants augmente et chaque année aussi les visiteurs affluent davantage.

Les dépenses ne dépassaient pas 65 000 francs en 1869 (200 000 euros) ; elles atteignent 500 000 francs en 1906 (1 700 000 euros).

Le nombre de concours régionaux, fixé d'abord à huit, puis à douze, est ramené à huit en 1893. Depuis 1904, ils sont remplacés par trois concours nationaux qui se tiennent alternativement à Rennes, Toulouse, Nancy, Bordeaux, Rouen et Lyon. Tous les agriculteurs, tous les constructeurs de France, d'Algérie et des colonies peuvent y prendre part.

Aux concours nationaux d'ensemble s'ajoutent des concours de races, fort nombreux au début du XXe siècle. Le gouvernement attache tous ses

Un éleveur heureux !

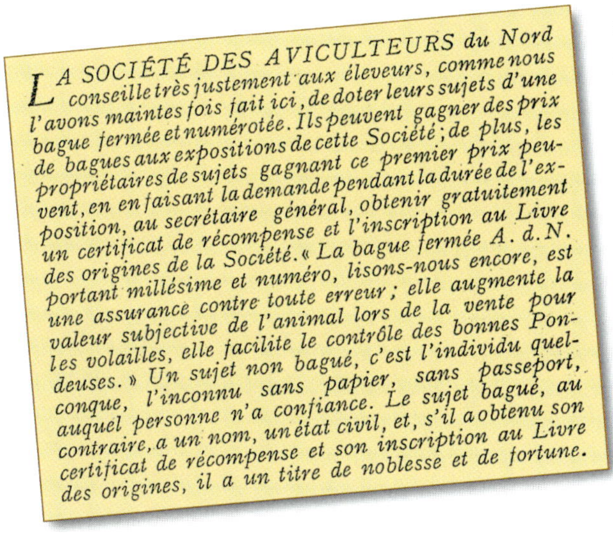

La Société des Aviculteurs du Nord conseille très justement aux éleveurs, comme nous l'avons maintes fois fait ici, de doter leurs sujets d'une bague fermée et numérotée. Ils peuvent gagner des prix de bagues aux expositions de cette Société ; de plus, les propriétaires de sujets gagnant ce premier prix peuvent, en en faisant la demande pendant la durée de l'exposition, au secrétaire général, obtenir gratuitement un certificat de récompense et l'inscription au Livre des origines de la Société. « La bague fermée A. d. N. portant millésime et numéro, lisons-nous encore, est une assurance contre toute erreur ; elle augmente la valeur subjective de l'animal lors de la vente pour les volailles, elle facilite le contrôle des bonnes Pondeuses. » Un sujet non bagué, c'est l'individu quelconque, l'inconnu sans papier, sans passeport, auquel personne n'a confiance. Le sujet bagué, au contraire, a un nom, un état civil, et, s'il a obtenu son certificat de récompense et son inscription au Livre des origines, il a un titre de noblesse et de fortune.

efforts à la démocratisation des concours et attire les petits cultivateurs : des primes d'honneur, des prix culturaux, des prix d'irrigation, des médailles de spécialités sont répartis à la suite de chaque concours régional ou national, entre les agriculteurs, propriétaires, fermiers et métayers, dont les exploitations, visitées par des commissions spéciales, paraissent dignes de ces récompenses. Les distributions comprennent aussi des primes d'honneur pour la petite culture, l'horticulture, l'arboriculture, ainsi que des prix en faveur des journaliers ruraux et des serviteurs à gages qui, par leurs longs services dans les mêmes exploitations, ont témoigné de leur dévouement à l'agriculture.

Ci-dessus à gauche : *La foire aux machines agricoles à Tours.*
Ci-dessus à droite : *1889 : vaches bretonnes à l'Exposition universelle à Paris.*

À gauche : *« Jardins et basses-cours », 1927.*

Les comices agricoles

Ci-dessous : *Les concours organisés par les comices créent une émulation chez les agriculteurs locaux permettant ainsi d'étendre la qualité sur tout le territoire.*

Leur origine remonte à 1819. En 1882, l'Administration fait dresser un modèle de statuts des comices mais c'est un arrêt de la cour de cassation du 13 novembre 1906 qui en officialise la situation juridique. Ces associations, comme les sociétés d'agriculture, organisent des concours où sont exposés les meilleurs produits, les plus beaux animaux, ainsi que les machines et outils agricoles les plus perfectionnés. Ces concours se terminent d'ailleurs très souvent par des distributions de récompenses aux vieux serviteurs.

Leur circonscription est limitée au canton ou à l'arrondissement, très rarement à un département. Les comices reçoivent parfois des aides de l'Etat mais plus souvent du Conseil général.

Les foires et marchés

Au Moyen Age et jusqu'à la fin du XVIIIe siècle, les foires et les marchés sont d'importants centres commerciaux de produits agricoles bien sûr, mais surtout de produits manufacturés.

Jusqu'à la fin du XIXe siècle, le paysan produit essentiellement pour ses besoins personnels, ne vendant quelques marchandises sur les marchés que pour régler ses impôts et taxes, pour acheter de rares vêtements, des engrais ou des outils.

L'activité rurale devient mercantile et commerciale, grâce aux améliorations de l'outillage et des procédés culturaux qui ont accru les rendements agricoles au point de dépasser les besoins personnels des producteurs, pour répondre aux demandes d'achat des habitants des grandes villes et bourgades grandissantes qui constituent des centres de consommation appréciables.

Avec la culture intensive et l'industrialisation de l'agriculture, les paysans les plus importants livrent leurs denrées à des coopératives ou à des intermédiaires chargés de réaliser les ventes aux halles de Paris et des grandes villes.

En 1894, les paysans livrent aux marchés de Paris :
19 660 tonnes de beurre
24 478 tonnes d'œufs
5 955 tonnes de fromages
47 051 tonnes de pommes de terre
25 178 tonnes de volailles diverses
162 069 802 litres de lait !

Fermière et son chien partant pour le marché.

La foire d'Autun, l'une des plus importantes de France, comme beaucoup d'autres foires, se tient à date fixe : le 1er septembre de chaque année.

Les foires

A la différence des marchés, les foires attirent tous les ruraux : les offres y abondent, tout est à vendre : même les domestiques peuvent s'y louer. Elles se tiennent à dates fixes, en agglomération ou en rase campagne, parfois tous les mois, mais le plus souvent, une ou deux fois par an, au printemps et à l'automne.

Les foires de bétail, dans les pays de montagne, sont conditionnées par le calendrier de l'élevage : elles se calquent sur les dates de transhumance des troupeaux en mai, juin, août, octobre et novembre. Sur le *foirail*, les éleveurs en blouses bleues observent les bovins, porcins, ovins et gallinacés : ils se renseignent, calculent et planifient.

Elles font affluer les charlatans, les colporteurs, les bateleurs et les forains. Elles sont aussi le lieu privilégié d'exposition et de vente de matériel agricole nouveau et performant. Leur retentissement est régional, et souvent national.

A la fin du XIXe siècle, dans la région parisienne, 194 foires, dont celles de Meaux, Melun, Sens, Senlis, Beauvais, Compiègne, Rozay-en-Brie, Chartres, Romorantin sont très fréquentées ; dans les autres provinces de France, 301 foires sont renommées, notamment Angers, Nantes, Saint-Quentin, Cambrai, Saumur, Aurillac ; celles de Dijon, Beaune, Tarascon, Autun, Dôle, Troyes et Provins jouissent d'une renommée nationale et même internationale.

Les moutons se vendent bien à Ax, Tarascon et Foix ; les bovins de race Aubrac se négocient à Laguiole ; ceux de la race limousine, à Limoges et Saint-Loup ; ceux de la race alpine, à Samoëns, Villard-de-Lans, Pralognan, Allevard, Annecy, Ugine ; les charolais à Semur, Saulieu, Pouilly-en-Auxois…

La foire de Niort est aussi renommée en tant que « marché du mariage » : c'est ici, au milieu des bestiaux, que bien des accordailles et des relations en vue du mariage se nouent !

Les marchés

À droite : *Pendant la période qui précède Noël, les marchés de Normandie fournissent par milliers les dindes et les oies à nos voisins d'Angleterre. « Le Petit Journal », 27 décembre 1908.*

Ci-dessous : *Carte postale de Saint-Brieuc, le 2 mars 1916 : « Cher frère, je t'envoie cette carte pour te montrer comment les Bretons mènent leurs cochons à la foire. Je les ai déjà vus deux fois, c'est comique de les voir sur une route, sur deux kilomètres de long... »*

Ils ont lieu en plein air ou à couvert, tous les jours ou à certains jours de la semaine. Les femmes de la campagne apportent les produits du jardin ou de la ferme ; elles s'installent sur le bord du trottoir, les marchandises à vendre sont entassées dans des paniers ou des cageots recouverts d'un torchon derrière lesquels elles sont assises.

Les denrées ne sont, le plus souvent, qu'en petite quantité, mais très diverses. La même paysanne vend deux douzaines d'œufs, quelques livres de beurre, quelques fromages, quelques volailles et selon l'abondance des récoltes de saison, une botte de carottes ou de navets, des choux ou des poireaux, quelques livres de cerises, un bouquet de fleurs du jardin...

Le marché est une affaire de femmes. Elles gèrent l'entretien du potager et de la basse-cour qui assurent l'alimentation des gens de la ferme, et procurent, grâce aux ventes, l'argent liquide nécessaire aux petits achats divers : vêtements, engrais et autres denrées alimentaires non produites sur l'exploitation. Les hommes circulent entre le café et les emplacements du marché : ils échangent entre eux des informations politiques et des opinions...

La basse-cour

À droite et en bas :
La basse-cour est l'affaire et l'orgueil de la fermière !

La basse-cour, c'est encore une affaire de femme ! Elle fait le luxe et l'orgueil de la fermière. Lorsque les grosses poignées de blé et d'orge sortent de son tablier replié, poules et coqs, canards et dindons, oies et pigeons se précipitent en dodelinant de la tête et en gloussant bruyamment. Elevées sur tout le territoire pour les œufs et l'engraissement, les basses-cours importantes se trouvent plutôt dans les régions céréalières.

LES POULES

Elles sont 69 millions en 1929 et 145 millions en 1937, concentrées surtout dans les environs de Paris et de Houdan, dans la Flandre, l'Artois, la Normandie, le Poitou, la Saintonge, la Bourgogne, la Bresse, dans l'Ouest et le Nord-Ouest. Elles ont produit en 1929, 5 276 100 000 œufs ! Une fermière bien organisée, avec dix poules bien nourries, peut vendre sur le marché 1 500 œufs par an. Le Larousse agricole de 1922 note d'ailleurs l'influence positive des pâtées animalisées, avec sang frais ou desséché, la viande crue ou la farine de viande, sur la production des œufs.

LES DINDONS

Elevés dans le Massif central et dans la Garonne, leur effectif compte un peu plus de 2 millions de bêtes en 1929 et plus de 4 millions en 1937.

LES OIES

Elles se localisent dans le Puy-de-Dôme, la Haute-Garonne, la Bresse, l'Alsace, le Gers, les Landes, la Dordogne, l'Allier et la région de Poitiers. Utilisées pour les foies gras et confits, leur consommation est très répandue et appréciée tout au long de l'année pour leur chair : 38 millions de bêtes sont élevées en 1929.
En mai, juillet et septembre, au moment des mues naturelles, les oies sont dépouillées de leurs plumes et duvets pour garnir robes, chapeaux, édredons, oreillers et pour fabriquer les houppes à poudre.

« La Vie à la campagne », juillet 1922.

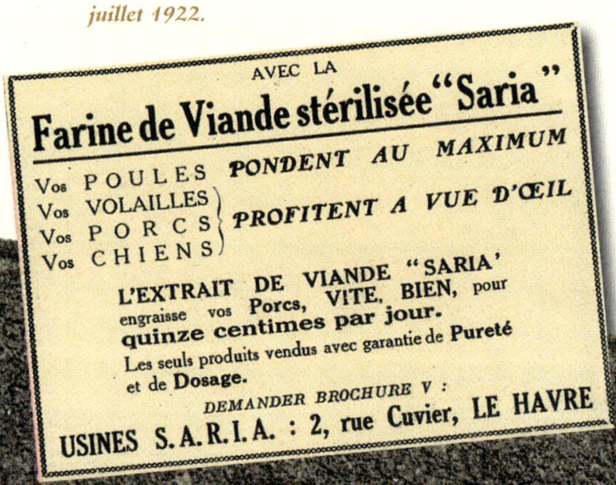
AVEC LA
Farine de Viande stérilisée "Saria"
Vos POULES PONDENT AU MAXIMUM
Vos VOLAILLES
Vos PORCS
Vos CHIENS
PROFITENT A VUE D'ŒIL
L'EXTRAIT DE VIANDE "SARIA"
engraisse vos Porcs, VITE, BIEN, pour quinze centimes par jour.
Les seuls produits vendus avec garantie de Pureté et de Dosage.
DEMANDER BROCHURE V :
USINES S.A.R.I.A. : 2, rue Cuvier, LE HAVRE

En 1908, dans la seule matinée de la veille de Noël, 5 000 dindes normandes ont été fournies aux Halles de Paris.

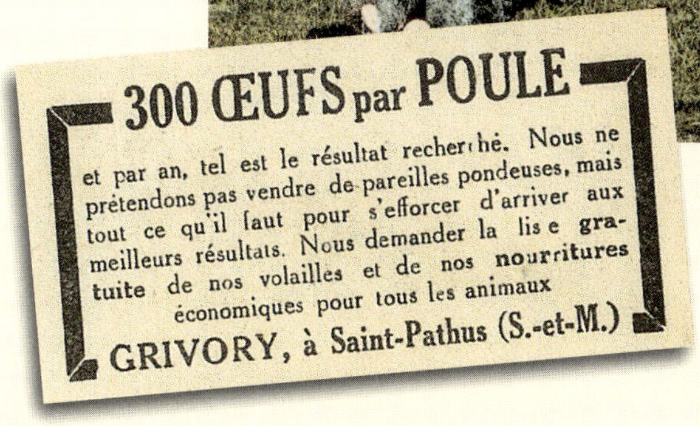
300 ŒUFS par POULE

et par an, tel est le résultat recherché. Nous ne prétendons pas vendre de pareilles pondeuses, mais tout ce qu'il faut pour s'efforcer d'arriver aux meilleurs résultats. Nous demander la liste gratuite de nos volailles et de nos nourritures économiques pour tous les animaux

GRIVORY, à Saint-Pathus (S.-et-M.)

« La Vie à la campagne », novembre 1922.

LES LAPINS

Leur élevage est fort apprécié pour leur rentabilité en chair et en peaux.
De 12 millions en 1882, ils sont passés à 30 millions en 1929 et à 150 millions en 1937 dont 96 millions de peaux ont servi à la préparation des fourrures. Répartis sur tout le territoire, leur élevage se concentre surtout dans la Vienne, l'Yonne, le Loiret, les Deux-Sèvres, le Maine-et-Loire, le Nord et l'Aisne.

LES CANARDS

Nombreux sur les bords de l'océan, ils se concentrent dans les Landes, dans le Puy-de-Dôme, le Lot-et-Garonne et dans les Pyrénées. De 4 600 000 en 1929, la production chute à 2 200 000 en 1937.

LES PIGEONS

Leur élevage est surtout localisé dans le Nord, le Pas-de-Calais, le Tarn-et-Garonne, les Bouches-du-Rhône, dans l'Eure et dans la Somme. De 8 millions en 1929, leur production chute à 2 millions en 1937.

LES PINTADES

Implanté au XVIIe siècle, son élevage démarre très timidement au début du XXe siècle : de 749 000 bêtes en 1929, on passe à plus de 2 millions cinq ans plus tard. Elles apparaissent dans le Périgord, la Drôme, l'Isère et le Vaucluse.

En 1929, 38 millions d'oies sont élevées en France.

LE MATÉRIEL DE CULTURE

De l'époque gallo-romaine jusqu'au milieu du XIXe siècle, l'évolution des outils agricoles se fait avec une extrême lenteur : ils sont des plus rudimentaires. Bêche, faux, houe, faucille, serpette et fléau constituent ce que les paysans appellent le *cheptel mort*. Selon les régions, leurs aspects et leurs noms diffèrent : la houe devient *serfouette*, *binette*, *pioche* ou *buttoir*, elle se nomme *fossoir* en Lorraine et en Bourgogne, *bêchard* en Provence, *fessou* en Auvergne.

« Le regrettable argument qui, au commencement du XIXe siècle, retarde l'adoption des machines, c'est qu'elles exécutent le travail de l'homme : elles auront pour résultat de nuire à l'ouvrier des champs en diminuant le nombre des travailleurs employés. La répugnance des ouvriers journaliers contre ces machines, dans lesquelles ils voient, à tort, des rivales qui leur ôteront leurs moyens d'existence, va si loin que, dans quelques pays, les premières batteuses mécaniques furent détruites par la populace ameutée », lit-on dans les pages des *Merveilles de la science*, en 1867. *« Le morcellement de la propriété rendra toujours très difficile en France l'application des charrues, faucheuses... »*, affirme A. Lepage dans *L'Illustration* de 1869.

Depuis 1887, un projet d'école pratique de mécaniciens ruraux est à l'étude mais il faut attendre 1920 pour que la mécanique agricole soit enseignée en France.

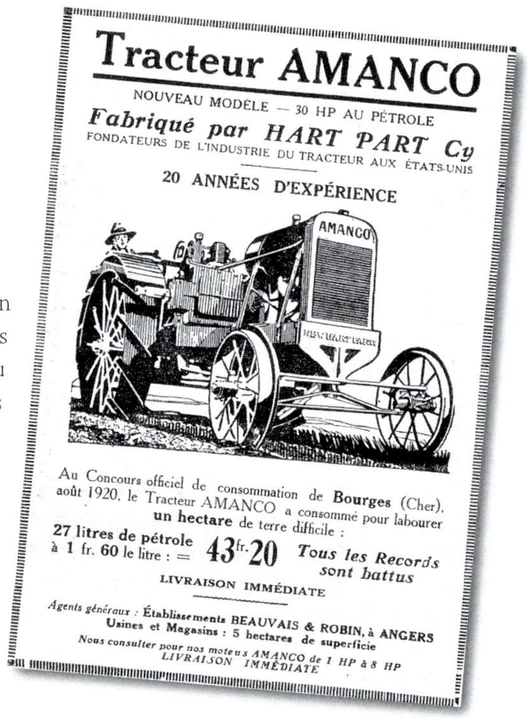

Tracteur AMANCO

NOUVEAU MODÈLE — 30 HP AU PÉTROLE

Fabriqué par HART PART Cy

FONDATEURS DE L'INDUSTRIE DU TRACTEUR AUX ÉTATS-UNIS

20 ANNÉES D'EXPÉRIENCE

Au Concours officiel de consommation de **Bourges** (Cher), août 1920, le Tracteur AMANCO a consommé pour labourer **un hectare** de terre difficile :

27 litres de pétrole à 1 fr. 60 le litre : = 43 fr. 20 ***Tous les Records sont battus***

LIVRAISON IMMÉDIATE

Agents généraux : **Établissements BEAUVAIS & ROBIN, à ANGERS**
Usines et Magasins : 5 hectares de superficie
Nous consulter pour nos moteus AMANCO de 1 HP à 8 HP
LIVRAISON IMMÉDIATE

« La Vie à la campagne », juin 1921.

Piocheuse à vapeur de MM. Barrat Frères (« Les Merveilles de la Science » par L. Figuier, 1867).

La culture mécanique et l'énergie

Pour faire fonctionner les machines agricoles, des recherches sont effectuées pour trouver d'autres sources d'énergie que la vapeur. En 1879, MM. Chrétien et Félix mettent en application des treuils électriques alimentés par l'usine génératrice de leur sucrerie de Sermaize. Un peu plus tard, l'Allemand Zimmermann imagine une charrue se hâlant elle-même sur une chaîne ancrée par ses deux extrémités aux bords du champ : une dynamo réceptrice, placée sur la charrue et recevant le courant par des câbles à déplacement automatique anime la machine. Les chutes d'eau et même le vent sont aussi testés pour actionner des machines de culture. M. Lucet, propriétaire à Conques, près de Carcassonne, défonce une cinquantaine d'hectares à l'aide d'un treuil mu par un moulin à vent installé sur un pylône mobile, mais c'est le moteur à explosion qui apporte à l'agriculture mécanique les progrès décisifs.

Une machine agricole frappée par la foudre

En Bretagne, dans la région de Morlaix, au village de Boclerma, près Brasparts, la foudre est tombée sur la cheminée d'une machine a battre, en pleine activité.

« Le Petit Journal », 5 octobre 1902.

Le 31 août 1920, le sous-secrétaire d'Etat à l'Agriculture signe un arrêté créant, à Paris, la Section d'application de mécanique agricole, recrutant les élèves parmi les ingénieurs agronomes et les ingénieurs agricoles.

La durée des études est de huit mois, pendant lesquels la majeure partie du temps est consacrée à des exercices pratiques : travail du bois et des métaux, démontage, remontage, réglage, mise au point et conduite de toutes les machines agricoles existantes, réparation du matériel.

Le reste du temps est employé à l'étude des différentes questions se rattachant à la construction et au commerce des machines agricoles : brevets, contrefaçons, expéditions, réclamations, comptabilité d'atelier, établissement des prix de revient, organisation du travail, grèves et arbitrages.

La section est destinée à former des ingénieurs ou des agents pour les maisons de constructions et de vente de machines agricoles ou encore des industriels ayant un bagage de connaissances suffisant pour pouvoir s'établir à leur compte, avec toutes les chances de succès.

Locomobile Fowler pour le labourage à vapeur (« Les Merveilles de la Science » par L. Figuier, 1867).

Charrue – Herse – Semoir

L'araire et la charrue, rustiques et ancestraux outils, évoluent en 1763 : l'Ecossais J. Small crée un instrument regardé en Europe comme l'idéal de la perfection.

En 1810, le major Prats fait les premiers essais de la vapeur, mais il faut attendre J. Fowler, en 1852, pour voir les premiers résultats vraiment concluants. Quant aux perfectionnements du soc, du versoir au coutre, du bâti au régulateur de traction, ils datent de 1851.

Dans cette course au progrès, deux Français de la première moitié du XIXe siècle méritent d'être retenus : Grangé et Mathieu de Dombasle. Grâce à ce dernier, la charrue fait son entrée dans les écoles d'agriculture.

En 1900, la charrue Brabant, originaire de Belgique, révolutionne le travail de la terre. A l'Exposition universelle de cette même année, les araires et brabants simples, les brabants doubles, les polysocs, les fouilleuses, les buffeurs, les charrues rigoleuses, les charrues à bascule pour labourage à vapeur, les charrues rotatives à vapeur ou électriques apparaissent en force. J. Howard imagine à son tour un dispositif excellent : « *Il remue et pulvérise le sol sur des épaisseurs*

Charrue-balance pour labourage mécanique (« Larousse Agricole », 1921).

Le labourage au moyen de la vapeur.

jadis inconnues ; les couches profondes sont amenées au jour, aérées et vivifiées ; on évite le piétinement de la terre par les animaux », rapporte *Le Bilan d'un siècle* de 1906.

Jusqu'à une époque assez tardive, les herses et les rouleaux, qui complètent le travail de la charrue, sont d'une défectuosité lamentable. Les améliorations, avec le modèle Valcourt pour la herse et le modèle Crosskill pour le rouleau, datent de 1850.

Conçus en 1856, les semoirs mécaniques dits de Norfolk sont enfin performants.

La moissonneuse

La découverte qui cause la plus vive sensation dans le monde agricole tout entier est sans aucun doute celle de l'Américain Cyrus Hall Mac Cormick : en 1831, il crée de toutes pièces la première moissonneuse : elle franchit l'Atlantique en 1851. A l'Exposition universelle de 1889, des moissonneuses simples, avec tabliers pour recevoir les gerbes, sont exposées, mais leur fonctionnement laisse encore à désirer.

Le liage automatique des gerbes date de 1873. La première moissonneuse à lien de paille fait son apparition en 1889, aux expériences de Noisiel.

En 1897, deux intermédiaires bourguignons lancent la moissonneuse-lieuse facile à conduire, permettant à un seul homme qui dispose de trois chevaux de moissonner en un jour 3 hectares sans fatigue.

Matériel de vidange.

La batteuse mécanique traînée et mue par son tracteur va de ferme en ferme. « Le Petit Journal », 21 septembre 1924.

Un chantier de battage.

Les batteuses

Elles nous arrivent d'Angleterre et de Suède en 1818. D'abord à vapeur, puis au pétrole, les batteuses puissantes sont munies de secoueurs, de ventilateurs, de cribleurs et de trieurs. D'abord fixes, les machines deviennent *« portatives »* : elles évitent de nombreux transports et la perte d'une partie du grain. Une machine de 5 chevaux permet de battre 75 à 95 hectolitres de blé fauché par journée de dix heures. Malgré ses 2,5 tonnes, deux chevaux la traînent aisément ; son prix s'élève à 4 750 francs (16 000 euros). Sa consommation journalière est de 1 820 litres d'eau et 225 kilos de combustible. C'est la locomobile rurale *« propre à être prise en location, les fermiers l'envoient chercher et la renvoient »*, précisent les *Merveilles de la science*.

Cette innovation faite dans l'intérêt de la grande culture profite encore plus à la moyenne et à la petite culture : l'industrie du battage à façon devient vite nécessaire.

Faucheuse à essence de pétrole, 1902.

La faucheuse – La faneuse

La première faucheuse mécanique est née en Amérique en 1822. Pour l'Exposition universelle de Paris, en 1900, les Américains expérimentent la faucheuse complètement automobile, construite par Deering.

La première faneuse date de 1816 mais des différents systèmes nés avec le XIXe siècle, le seul qui ait été conservé est celui de R. Salmon de Woburn.

Devenus d'un emploi universel, *les râteaux à cheval* servent à remuer et aérer les foins, à les mettre en tas, à ramasser les tiges et les épis échappés des moissonneuses. Entrés assez rapidement dans les usages de notre agriculture, ils remplacent quinze à vingt ouvriers et permettent de sécher dans la journée le foin coupé du matin.

Ci-dessus à gauche :
Tracteur Mogol de 25 chevaux et d'un poids de 7,6 tonnes !
Ci-dessus à droite :
L'automobile-cultivateur de Souza, premier tracteur à essence, peut circuler sur routes, pour les travaux des champs ou la promenade.

Les tracteurs

Les premiers tracteurs font leur apparition en France, en 1849, grâce au Français P. Barat. Selon leur mode de fonctionnement, au fil des découvertes et des ans, les inventeurs les baptisent tracteurs-treuils, tracteurs-toueurs ou automobiles agricoles.

C'est à cette dernière catégorie qu'appartient *l'automobile cultivateur* inventée par le docteur de Souza : « *Elle permet d'effectuer les travaux des champs et les transports sur route mais aussi servir à l'agrément de l'agriculteur en lui permettant de se promener, le dimanche, avec sa famille, à une allure de 15 kilomètres à l'heure* », rapporte l'auteur du livre *Le Monde et la Science* de 1914.

Ci-dessous :
Avant-train Tracteur Agro dont « le moteur reflète une conception simple et une connaissance profonde des gens et des choses de la terre ». « La Vie à la campagne », mars 1925.

Le labour en torpédo : avec ses 12 chevaux, elle laboure l'hectare en 3 heures et consomme 13 litres d'essence à une vitesse de 4 km à l'heure. « La Vie à la campagne », novembre 1924.

« La Vie à la campagne », mai 1921.

Ce sont de lourdes et robustes machines à trois ou quatre roues à jantes très larges. Des griffes ou des saillies rapportées sur les bandages, ou un système de palettes, renforcent l'adhérence en terrain mou.

Les tracteurs s'équipent d'un moteur à pétrole en 1894, de chenilles en 1904 grâce à l'Américain B. Holt et du premier moteur Diesel en 1929.

Avec une charrue à deux chevaux, il faut cinq à huit heures pour labourer un hectare ; avec un tracteur, dans le même temps, il est possible de labourer 3 hectares de terrain à 30 centimètres de profondeur.

> La répugnance des ouvriers journaliers contre ces machines, dans lesquelles ils voient, à tort, des rivales qui leur ôteront leurs moyens d'existence, va si loin que, dans quelques pays, les premières batteuses mécaniques furent détruites par la populace ameutée. Il est vrai que les locomobiles dispenseront les fermiers de se mettre à la merci de ces ouvriers nomades, sur lesquels on ne peut jamais compter, et qu'on n'emploie que lorsqu'on y est forcé.

« La Vie à la campagne », septembre 1922.

Tracteur Yvel, de la maison Pilter, « le tracteur automobile qui remplacera vraisemblablement les chevaux dans un proche avenir ». « La Vie à la campagne », 15 février 1909.

Les arracheuses

Les arracheuses de betteraves, mises au point en 1886 par le Français A. Bajac, et les arracheuses de pommes de terre remplacent rapidement les anciens outils à main.

Les charrettes et attelages

Le matériel de transport agricole est simple et bon marché. Il varie selon le relief, les usages locaux, les aptitudes spéciales des attelages employés qui vont du cheval au chien en passant par l'âne, le bœuf et le mulet.

Dans les régions boisées et humides du Jura, des Alpes, des Ardennes et de la Lorraine, la voiture est longue, maniable et à quatre roues. Elle se rencontre aussi dans le Béarn, le Massif central, l'Auvergne et le Morvan. Parfois, dans ces régions montagneuses où les pentes sont enneigées en hiver, les roues sont remplacées par des patins et les charrettes deviennent luge, traîneau ou schlitte selon les régions et les utilisations. Elles sont menées par le paysan ou dévalent seules des pistes préparées par l'homme ou par la nature, ravines ou couloirs d'avalanches.

LISTE DU MATÉRIEL AGRICOLE NÉCESSAIRE À UNE EXPLOITATION (extrait du Larousse agricole de 1922)

La mécanique appliquée à l'agriculture comprend une grande gamme de machines établies pour un travail bien déterminé mais utilisées que quelques jours par an. Il est pratiquement impossible d'en donner la liste complète !

1. Préparation du sol
Labours : bêches, houes, charrues
Pseudo-labours : scarificateurs, cultivateurs, herses
Emiettement du sol : émotteurs, croskills, pulvérisateurs

2. Epandage des engrais
Engrais solides : épandeurs de fumier
Engrais liquides : épandeurs de purin
Pulvérulents : distributeurs d'engrais

3. Epandage de semences
Semoirs

4. Entretien des cultures
Destruction des mauvaises herbes : essanveuses
Outils d'entretien : buttoirs, bineuses
Epandage d'insecticides : poudreuses, pulvérisateurs

5. Récolte des fourrages et des céréales
Machines à couper et ramasser : faucille, sape, faucheuses, moissonneuses, faneuses
Machines pour engranger : élévateurs

6. Préparation des récoltes pour la consommation ou la vente
Egrenage : machines à battre, égreneuses, ébosseuses
Division des fourrages : hache-paille, broyeurs
Préparation des fourrages : botteleuses, presses à fourrages
Préparation des tubercules : décrotteurs, laveurs, épierreurs, dépulpeurs, broyeurs, coupe-racines
Cuisson des aliments : cuiseurs, étuves

7. Matériel de laiterie : barattes, écrémeuses, malaxeurs

8. Vinification : égrappeurs, fouloirs, pressoirs, pompes, filtres

9. Cidredrie : broyeurs, pressoirs.

La voiture à deux roues, mieux équilibrée, plus légère et plus maniable, se retrouve dans les régions méditerranéennes, pyrénéennes et de l'Ouest, en Corse et dans le Médoc. Mais on la trouve aussi dans le Massif central, en Limousin et en Auvergne pour les récoltes de pommes de terre ou le transport du fumier.

Le tombereau à trois roues est utilisé en Vendée, en Picardie, dans le Limousin, en Bretagne. Mais au fil des ans, ces différents véhicules se sont utilisés indifférement, abolissant souvent ces classifications régionales.

Le matériel d'élevage

Aliment essentiel des animaux de ferme, des chevaux de trait employés par les entreprises de transport et la cavalerie de l'armée, le foin est une marchandise encombrante et de faible valeur.

Sa compression sous un faible volume présenterait bien des intérêts : emmagasinement économique, conservation sur plusieurs années ; elle diminuerait les frais de transport, les pertes dans les manipulations, les risques d'incendie...

La presse à foin est testée en 1853 aux Etats-Unis. En France, les premiers essais de compression sont entrepris par l'administration de la Guerre.

Les machines exposées en 1900 sont révolutionnaires : elles permettent de compresser le foin, la paille, le chanvre et le coton.

A cette catégorie d'instruments, se rattachent les broyeurs, concasseurs, aplatisseurs pour grains et tourteaux. C'est à Mathieu de Dombasle que nous devons l'introduction du grain broyé dans l'alimentation du bétail.

Dès 1825, apparaissent les pompes à purin, les pressoirs à armatures de fer et de fonte. Les hache-paille, les coupe-racines, les concasseurs de grains sont fabriqués à Lyon en 1835. Mais il faut attendre 1865 pour voir le premier épandeur mécanique de fumier et 1874 pour le chargeur de foin. Leur usage ne se généralisera dans les fermes qu'au début du XXe siècle.

« Les Merveilles de la Science » par L. Figuier, 1867.

Les matières fertilisantes et la culture intensive

Que ce soit de manière humoristique ou classique, les fabricants d'engrais ne manquent pas d'arguments pour faire « la réclame » de leurs produits.

Instruits par les travaux de Liebig, Chevreul, Boussingault, Gasparin, Lawes et Gilbert, Déhérain, Berthelot, Grandeau, entre autres, les cultivateurs reconnaissent que les fumiers de ferme et les détritus végétaux ou animaux, exclusivement employés jusqu'en 1840, n'assurent pas le maintien et à plus forte raison l'accroissement de la fertilité du sol. Pendant longtemps, les fraudes trop fréquentes dans la fabrication et la vente des engrais rendent méfiant le paysan…

Une législation plus sévère, l'institution et la surveillance des syndicats agricoles, l'intervention des stations agronomiques enrayent heureusement le mal. Les éléments nouveaux apportés sont l'azote, la potasse et la chaux. La recherche tire parti des fucus et des varechs rejetés à la mer, des déchets de poissons, le sang desséché, la corne, le poil, la plume, le cuir…

Sur la côte atlantique, la récolte du varech est une source importante de fertilisant naturel.

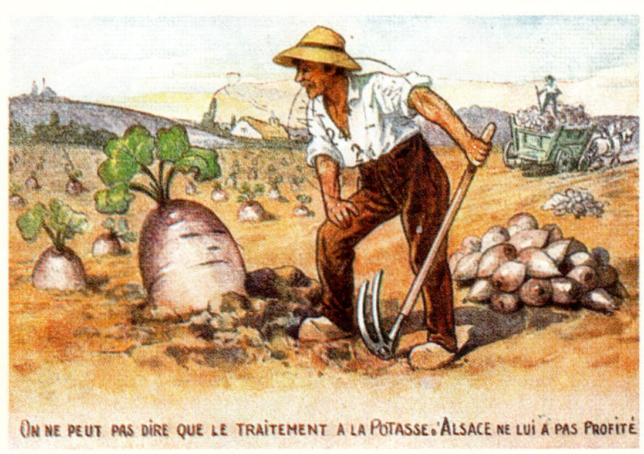

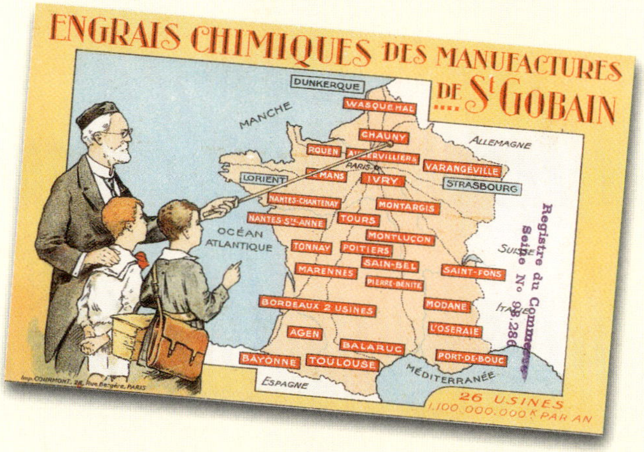

Evolution de la consommation des engrais

	1889 *(en tonnes)*	1899 *(en tonnes)*
Superphosphates	425 000	980 000
Scories de déphosphoration	425 000	170 000
Phosphates bruts	150 000	300 000
Nitrate de soude	187 000	251 000
Sulfate d'ammoniaque	18 000	36 000
Sels de potasse	15 000	24 000

En 1900, les paysans dépensent pour 250 millions de francs d'engrais soit près de 800 millions d'euros.

La quantité de sels de potasse employés en France augmente dès la fin du XIXe siècle :

50 300 tonnes en 1895
82 200 tonnes en 1900
221 400 tonnes en 1910

Celle du phosphate de chaux est passée de 782 000 tonnes en 1900 à 861 000 tonnes en 1905 et à 1 045 000 tonnes en 1909.

En 1928-1929, il se consomme :

395 000 tonnes de nitrate de soude
282 000 tonnes de sulfate d'ammoniaque
63 000 tonnes de cyanamide
2 007 000 tonnes de superphosphates
809 700 tonnes de scories
217 000 tonnes de potasse

En 1905, la revue *La Culture intensive illustrée* ne manque pas d'images fortes pour chiffrer l'accroissement des récoltes supplémentaires procurées par les engrais.

S'il n'est pas convaincu par le maître d'école, l'agriculteur pourra se laisser charmer par la belle fermière !

Le labour, les semailles & la moisson

dans la lumière grise d'un matin naissant, d'octobre ou de mars, tout le village est aux champs : il faut labourer car la terre n'attend pas. Dès que les pluies ont amolli le terrain sans le détremper, il faut semer : les paysans disent qu'il est *de bonne prise*. Dans les grosses exploitations à cultures variées, les labours se font en toutes saisons pour régulariser le travail des attelages.

Selon les régions, le laboureur attelle bœufs ou chevaux.

Le labourage

Le *labourage*, encore appelé *charruage,* est une des opérations fondamentales du travail du sol. Selon l'usage de chaque région, le laboureur attache au timon ses bœufs, ses chevaux, ses ânes ou ses mulets, par paires en général. Si le sol est compact et profond, l'attelage est doublé pour mieux soulever les énormes mottes de terre.

Les bœufs marchent côte à côte, courbant leurs têtes puissantes sous le joug, avançant calmes et dociles à pas lents… Près d'eux, le bouvier, réglant son pas sur le leur, les touche légèrement du bout de son aiguillon pour les faire marcher droit.

Le blé est enterré par un léger passage de herse : c'est la couvraille.

Parfois, il chante pour les exciter et pour oublier sa fatigue : on appelle cela *noter* ou *arauder* ou *brioler*. Les attelages de chevaux sont plus nerveux et plus ardents.

Courbé sur la charrue dont il tient le manche de ses mains puissantes, le laboureur soulève ou enfonce le soc à la profondeur voulue, sans dévier. Il met son honneur à faire mieux que tous.

Parfois, allant et venant de la charrue à l'attelage, un enfant écrase du pied des mottes compactes et les émiette.

Le vieux laboureur règle ses pas sur ceux des bœufs placides... à moins que ce ne soit l'inverse !

Les semailles

D'un pas cadencé, le semeur répand le blé du geste ample et majestueux tant décrit par les poètes.

Le semeur parcourt à grands pas égaux le sillon, puise le blé à pleine main dans son tablier ou dans un sac peu profond attaché autour de ses reins. En Touraine, il se sert d'une corbeille appelée *paillon*.

Les sacs de semence sont répartis le long du champ afin de lui éviter un long parcours pour recharger son tablier- semoir.

Il répand les grains à la volée, d'un geste cadencé, en arc de cercle d'une ampleur large et majestueuse, allant de l'épaule droite à l'épaule gauche et vice versa. Il ouvre et tend l'index pour laisser échapper la semence, en suivant une ligne bien droite appelée *rayage*. L'espace compris entre deux rayages s'appelle un *train* et sa poignée de grain, un *jet*.

Un bon semeur peut ensemencer 3 hectares par jour et doit pouvoir semer à volonté de la main droite et de la main gauche. Eparpillés dans les sillons, ils seront enterrés par un léger passage de herse, c'est la *couvraille*.

Après les pluies d'avril, le blé pousse dru, les mauvaises herbes aussi. Le travail de nettoyage est confié aux femmes et aux enfants. C'est l'*échardonnage*, suivi par le *sarclage* de la *binette*. Malgré ce travail attentif, en juin, les champs de blé s'égaient de bleuets, de coquelicots, de dauphinelles, de nielles.

Voici le mois des moissons, *les métives* comme le disent les paysans de l'Ouest. Dès les premiers jours d'août, les outils et les attelages sont préparés, les provisions pour nourrir les moissonneurs sont faites. Les grandes fermes louent une armée de manœuvres.

La moisson en Auvergne.

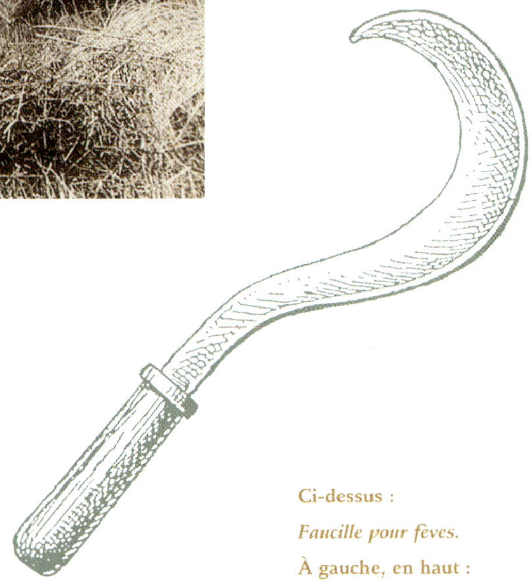

La fauchaison

En 1920, plusieurs procédés de coupe existent, certains paraissant d'ailleurs archaïques.

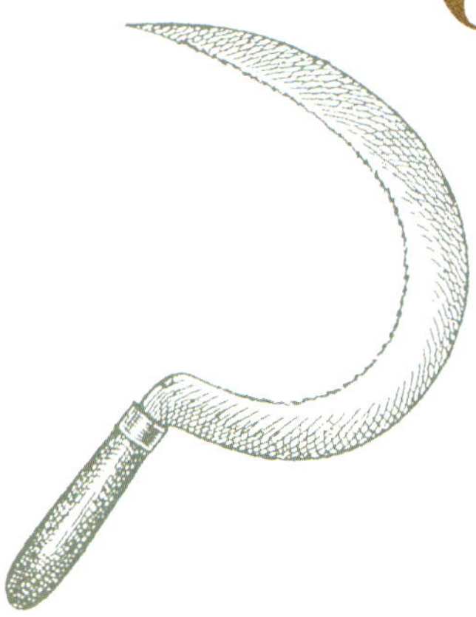

A la faucille

Avec la petite faucille, utilisée dans le Centre et l'Ouest, l'ouvrier coupe des poignées qu'il saisit de la main gauche tandis que la droite, engageant la lame dans les tiges, tire l'instrument par un léger mouvement de sciage. Un certain nombre de poignées constituent une *javelle*. Avec la grande faucille, utilisée surtout en Bretagne, l'ouvrier soutient et ramène les tiges coupées avec la main gauche, la main droite lance le volant énergiquement dans la récolte. Cette méthode demande une main-d'œuvre abondante car un bon ouvrier coupe de 15 à 18 ares par jour.

Ci-dessus :
Faucille pour fèves.
À gauche, en haut :
Faucille à lame dentée.
À gauche, en bas :
Faucille coudée à lame unie.

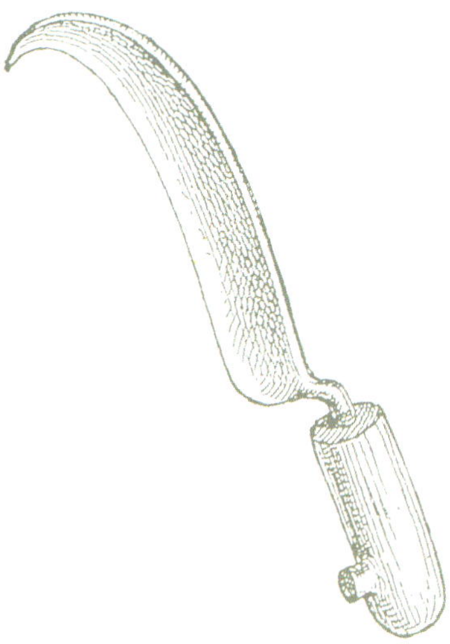

A la sape

Son emploi est limité aux régions du Nord. Le sapeur avance, donnant quelques larges coups, tenant la sape de la main droite pendant que la gauche maintient les tiges avec un crochet. Les tiges coupées s'appuient sur les voisines encore debout. Il dépose la javelle ainsi rassemblée avec son crochet.
On coupe à la sape de 30 à 40 ares, parfois 50.

A la faux

La faux, utilisée pour la coupe des céréales, est armée d'un *ployon* appelé aussi *playon* ou d'un râteau. Les faucheurs doivent respecter la *ligne de fauche* : ils commencent toujours par la gauche et s'échelonnent en plus ou moins grand nombre selon la largeur du champ. Au bout du sillon, ils tournent à droite et ainsi de suite jusqu'à ce qu'ils se trouvent au milieu, là où la dernière gerbe sera coupée…

Le front en sueur, dans un souple balancement du corps et un mouvement rapide des bras, par une large *coutelée*, ils tranchent et couchent les épis sur la gauche.

Chaque faucheur est suivi d'une *javelleuse* : elle forme la gerbe de six poignées d'épis et sélectionne dix belles tiges pour lier la gerbe suivante.

Sur les grandes parcelles, elle est aidée d'un *gerbeur* qui lie et forme les *moyettes*. Sur les très petites parcelles, en montagne, elle est suivie d'une *râteleuse* qui glane les épis oubliés.

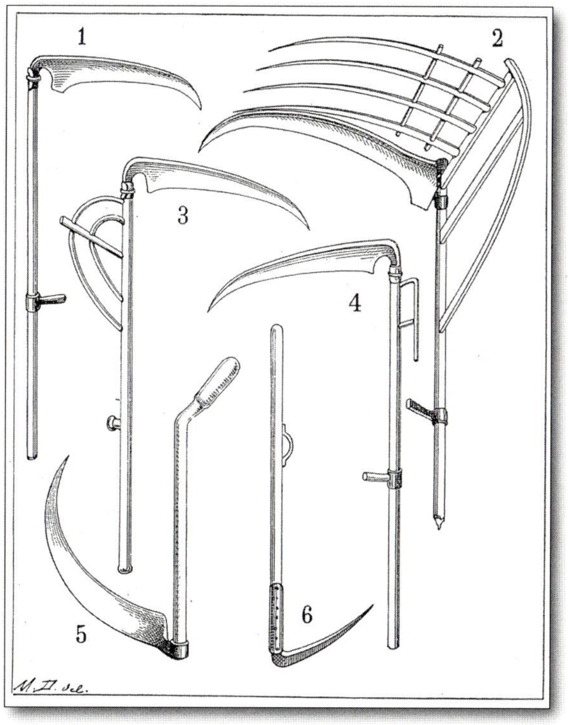

Différents types de faux :
1. champenoise
2. armée
3. à playon
4. picarde
5. sape flamande
6. crochet de faux flamande

A la faucheuse attelée

Attelée à un cheval, elle ne peut être utilisée longtemps car elle exige de la part de l'animal un travail trop rude qu'il ne peut soutenir.

Attelée à deux, elle présente encore, en 1920, l'inconvénient de blesser les chevaux au garrot.

Quant aux faucheuses à bœufs, qui sa déplacent à une allure lente, elles doivent avoir des engrenages spéciaux.

A la faucheuse à moteur

Bien qu'exposées en France une première fois en 1900 puis en 1914, le Larousse agricole de 1920 note que *« ces machines, ainsi présentées, ne peuvent pas se répandre, car ce serait une erreur pour un agriculteur de consacrer un capital élevé à l'achat d'une machine qui ne doit fonctionner que quelques jours par an ».*

Départ pour la moisson.

* *

Mais le grand labeur de la terre ne s'est pas accompli sans que la charité y ait eu sa part. En vertu d'un droit qui remonte à la plus haute antiquité, ainsi qu'en témoigne l'histoire du Ruth et de Booz, le champ abandonné par les moissonneurs appartient aux malheureux. Sous la surveillance d'un garde messier, c'est-à-dire préposé aux moissons, les indigents de la commune viennent ramasser les épis oubliés et qui jonchent encore la terre. Et c'est la touchante et charitable contribution du fermier envers les pauvres gens que le poète appelle si justement « les oiseaux du bon Dieu ».

LACARRE.

« Le Petit Journal », 6 août 1905.

En haut : *Une moissonneuse attelée.*

La moisson

À midi, tout le monde s'assied et mange en plein champ les œufs durs, les charcuteries, les fromages, le pain et les fruits sortis des paniers. Après quelques instants de sommeil troublé par les sauterelles et les piqûres d'insectes, chacun reprend la tâche interrompue.

Le javelage

Sauf en cas d'utilisation d'une moissonneuse-lieuse, rare au début du XXe siècle, les *javelles* obtenues sont rassemblées en gerbes et liées pour former des *moyettes* : le *dizeau* comprend en réalité douze gerbes et le *treizeau* comporte trois étages de quatre gerbes en croix.

Ci-dessous, à gauche : *Confection d'une moyette de luzerne.*
Ci-dessous, à droite : *Moissonnage et mise en javelles de l'avoine.*

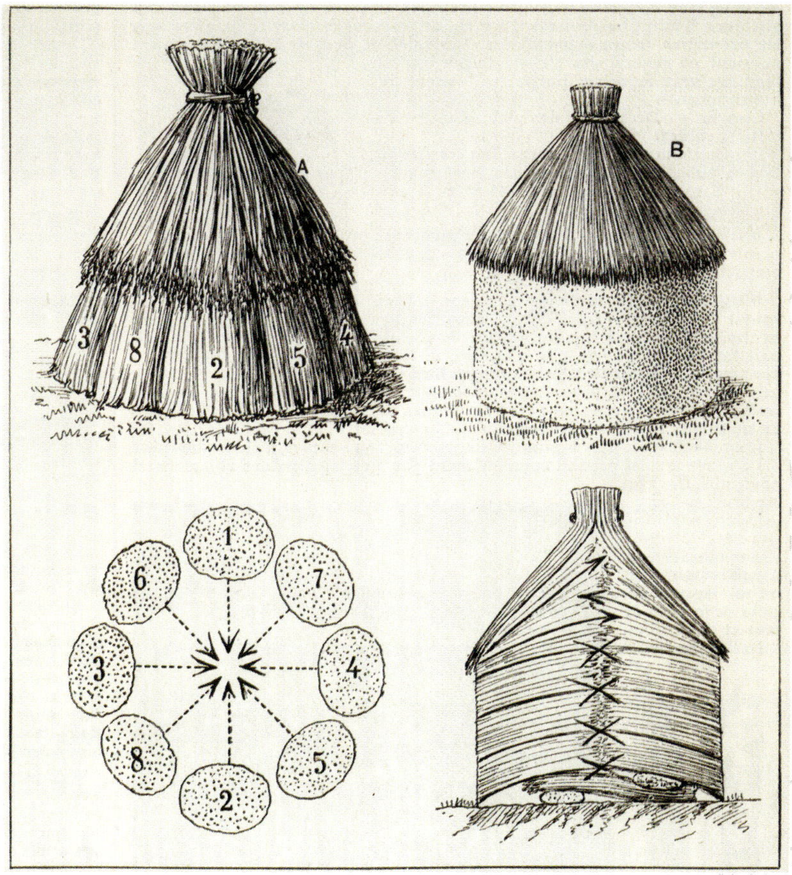

A : moyette flamande et son plan ; B : moyette picarde et sa coupe.

Ci-dessous :
Une javelle : grosse poignée de céréales coupées que l'on lie et étale sur les chaumes pour qu'elle sèche.

Le liage

Le liage s'effectue en réunissant deux, trois ou quatre javelles. Les gerbes obtenues pèsent de 6 à 15 kilos. Les liens les plus employés sont ceux de seigle dont la paille est soigneusement triée : un ouvrier en confectionne 1 200 à 1 400 par jour. Le *lieur* lie de 500 à 600 gerbes par jour.

A la fin de la journée, arrivent les charrettes attelées : de vigoureux bras armés de fourches y entassent les gerbes. Sur le lieu du battage, à la ferme ou en plein champ, d'immenses meules sont dressées.

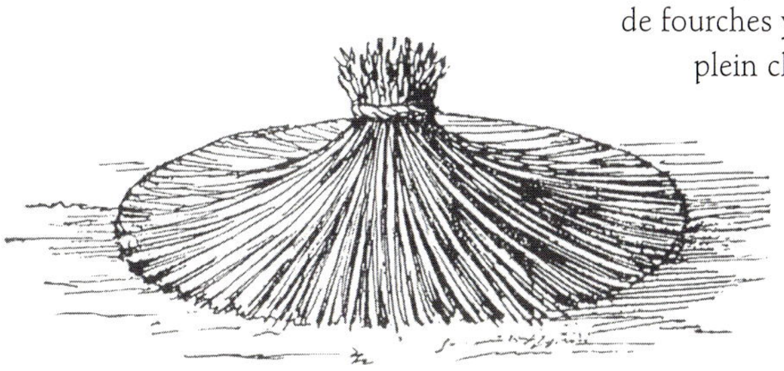

Confection de meules.

Le battage ou égrenage

Ce battage s'exécute de diverses manières : par choc, par pression ou par froissement.

Chaubage ou battage à la truie ou au chevalet

Les épis sont frappés sur un tonneau porté par quatre pieds. Cette méthode extrêmement lente, utilisée pour la récolte de paille de seigle de grande qualité, est de moins en moins courante.

Ci-contre, en haut : *Une équipe de batteurs ; sur le plan incliné, le cheval actionne la machine.*
Ci-contre, en bas : *Battage au fléau et dépiquage, en Pays basque.*

Battage au fléau

Les gerbes sont déliées et étendues sur le sol de la grange ou de la cour de ferme. Les épis sont frappés alternativement sur les deux faces. La paille obtenue contient encore 8 % de grain. Un ouvrier bat, selon son habileté, de 450 à 850 kilos de gerbes par jour, ce qui correspond à 180-240 litres de blé ou 350-500 litres d'avoine.

Dépiquage

Les pieds des chevaux ou des bœufs agissent sur les épis autant que les rouleaux (en pierre, en fonte ou en bois armés de pointes), qu'ils tirent... Ce procédé, utilisé dans le Midi et un peu dans l'Ouest, produit une paille brisée, souillée, renfermant encore 10 % de grain.

Battage à la machine

Les batteuses permettent une rapidité de travail, une facilité d'exécution, de la qualité et des économies. Les grosses exploitations emploient leurs propres batteuses mais les plus petites en louent une, à la journée, parfois à l'heure.

Chaubage.

L'organisation d'un chantier de battage

En haut :
Une batterie de sarrasin en Normandie.

Le plus généralement, l'entrepreneur fournit le mécanicien, chargé de la conduite du moteur, de la surveillance de la batteuse et de son entretien, ainsi que l'*engreneur* qui règle le travail de tout le chantier. De son efficacité dépend le rendement qui peut varier du simple au double. Il est aidé par trois ouvriers : l'un qui reçoit les gerbes, l'autre qui sectionne le lien et le troisième qui étale la paille avant l'engrenage.

Batteuse de blé : la mise en sac.

L'engreneur s'installe sur la plate-forme de la batteuse. Il achève d'étendre les épis en une nappe uniforme et régulière afin qu'ils entrent dans la machine, sans bosse ni tassement.

Deux personnes enlèvent les poussières et les menus déchets appelés *ôtons, hottons* ou encore *balles* ; deux hommes pèsent les sacs et les emportent ; enfin, de 5 à 10 manœuvres apportent les gerbes à la batteuse et retirent la paille à la sortie des secoueurs. Au total, le chantier compte de 16 à 20 personnes, dont un tiers de femmes.

Une faucheuse attelée.

Un chantier de battage en plein air : 12 à 15 personnes y travaillent.

Le battage à façon est payé soit à l'heure, soit à l'hectolitre ou au quintal ; les hommes fournis, leur nourriture, le charbon, l'eau sont à la charge du loueur.
Lorsque tous les champs sont moissonnés, les dernières gerbes sont chargées dans une charrette ornée de fleurs et de feuillage ou d'un petit sapin : toute la bande des moissonneurs s'y installe et chante. Dans le Centre et dans l'Ouest, c'est la fête de la gerbe ou le *beurlot* des moissons.
Dans le Tarn, le bouquet de moisson est tressé en forme de croix avec les plus beaux épis, des lis et une herbe appelée *mère de Dieu*. Le maître le conserve dans sa chambre jusqu'à la saison suivante.
Après quoi, les *glaneuses* peuvent ramasser pour leurs propres animaux les épis oubliés ou tombés des gerbes.

Des glaneurs et leurs vans.

Les repas de moisson

Un beurlot : repas de fin de moisson.

Dans les grandes propriétés céréalières, la journée est rythmée par les pauses nécessaires pour les repas et les siestes de récupération !

A 7 heures, avant de partir au travail, tout le monde déjeune avec une blanquette d'agneau ou une omelette ou de la viande en sauce ou encore avec un plat de tripes. Vin et café sont souvent servis à volonté.

A 10 heures, il y a cinq minutes de pause, en mangeant le pain que le chef de file est chargé d'emporter pour tous les ouvriers.

A midi, c'est l'heure de la soupe au chou et autres légumes avec un morceau de viande pour chacun et une petite sieste. Le travail reprend vers 1 h 30.

A 3 heures, on boit encore un petit coup et à 18 heures, le dîner est servi au champ : plat de haricots et cochonnailles, fromage, pain et vin. Après ce repas, chacun se remet au travail jusqu'à la nuit.

Vers 21 heures, avant de se coucher, le propriétaire sert une soupe épaisse et une salade. Le dernier repas de moisson se prend dans la cour de la ferme : d'un côté de la grande table s'aligne la famille, de l'autre les domestiques et les ouvriers. Selon les régions, il est servi une soupe d'orge dans laquelle cuisent jambon, lard et la moitié d'une tête de porc bien rance, ou encore, un copieux civet de lapin ou de l'estomac de porc farci, une fricassée de pommes de terre puis sept plats divers à base de volailles et viandes.

Les maladroits ou les retardataires font l'objet de farces traditionnelles, les filles sont embrassées, les hommes paient à boire. Danses, chants et grivoiseries se poursuivent jusqu'à l'aube.

Les glaneuses

C'est une tolérance partout accordée aux femmes les plus pauvres des paroisses voisines ; une sorte de superstition est attachée à cette pratique ancienne, qui remonte aux temps bibliques.
Le propriétaire croirait porter malchance à sa moisson, s'il refusait l'accès du champ aux glaneuses.
Toutefois le glanage est soumis à des règles que les permissionnaires sont tenues d'observer. Il ne peut avoir lieu qu'en plein jour et pour ainsi dire sous l'œil du maître. Dès que le jour brunit, la garde champêtre, d'une voix résonnante, proclame la cessation du glanage. Dans la nuit éclairée par la mince faucille de lune nouvelle, lentement, les glaneuses s'éloignent comme à regret… »
Femina, 15 août 1903, p. 642.

LES FOINS

Les prairies et herbages

« *Sur l'herbage, comme un ferme fondement, toute agriculture s'appuie* », écrit Olivier de Serres.

Au début du XXe siècle, la France accroît son activité pastorale aux dépens de son agriculture proprement dite ; les raisons sont nombreuses : la consommation de viande augmente considérablement dans toutes les classes sociales ; la main-d'œuvre nécessaire est réduite par rapport à celle que nécessite la culture ; les méthodes d'engraissement et les rendements du lait s'améliorent de façon très significative.

En 1913, le territoire agricole représente 94,8 % du territoire total : sur 51 425 637 hectares purement agricoles, les prairies naturelles couvrent une superficie totale de 10 102 108 hectares et les prairies artificielles ou temporaires, consacrées aux trèfle, luzerne, sainfoin, retournées après un, deux ou trois ans et cultivées à nouveau, couvrent 3 339 539 hectares.

Siccateurs 1 (ci-dessus) : *pour terrain plat ;* **2 (page de droite) :** *pour terrain en pente.*

Ci-contre :
Faucheur des Pyrénées rabattant sa faux.

Faucheurs au travail.

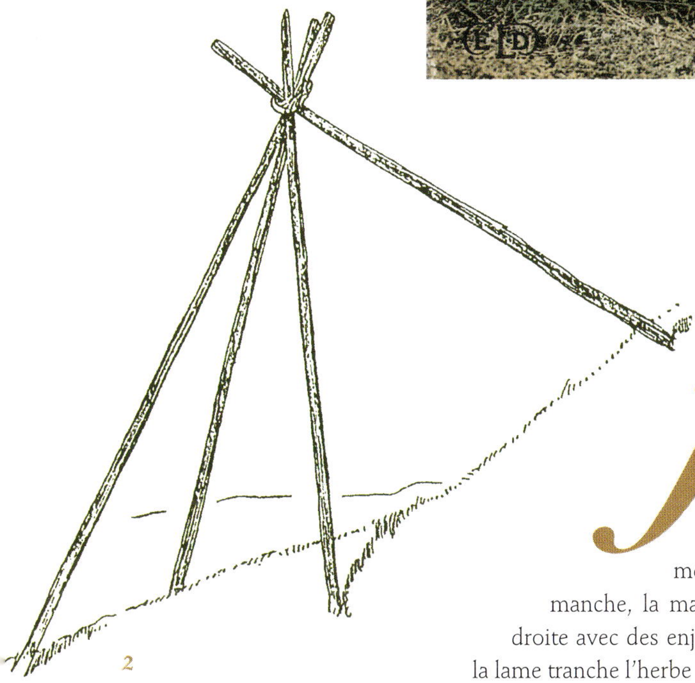

2

La fauchaison

Juin est le mois des foins, pourvu que la pluie ne vienne pas compromettre les dictons, saint Médard ayant promis les beaux jours… La faux appuyée sur l'épaule, dans la brume du petit matin, les faucheurs se mettent en route par bande. Les manches de chemise relevées, légèrement penchés en avant, la main droite au milieu du manche, la main gauche à l'extrémité, ils s'avancent de gauche à droite avec des enjambées cadencées les unes sur les autres, tandis que la lame tranche l'herbe de droite à gauche en *fauchées* ou *coutelées* d'égales largeurs.

De temps en temps, un faucheur s'arrête pour *affiler* ou *rebattre* sa faux : il trempe sa pierre à aiguiser dans le *buhet* de corne ou de bois, plein d'eau, qui pend à sa ceinture.

Le fauchage est un travail fatigant qui exige une grande habilité. Un bon faucheur coupe 30 à 35 ares d'herbe par jour, près du sol et à la même hauteur. Il ne faut surtout pas laisser de *gendarmes*, herbes non coupées, sous les andains !

La besogne s'interrompt à midi pour le repas. Ils ne fauchent que ce qui peut être retourné dans l'après-midi par les femmes et les enfants.

La perfection du travail dépend de la rapidité de chaque opération.

En montagne, dans les terrains escarpés, le foin sec est rentré à dos d'homme.

Siccateurs pour le séchage des foins en terrain humide.

La fenaison

Le fanage commence lorsque la rosée a disparu. Tous les jours, les femmes remuent d'abord le fourrage le plus humide.
Les instruments employés sont le râteau en bois appelé aussi *fauchet* et la fourche.

Les andains sont écartés et éparpillés, puis retournés deux fois dans la journée ; ils sont rassemblés en petits tas, ou *veillotes*, avant que la rosée ne tombe.

Le lendemain matin, les veillottes sont étendues puis remuées comme la veille. Si le séchage est insuffisant, un troisième jour de travail sera nécessaire. En cas de temps incertain, le foin est ramassé en gros tas ou *meulons* de 500 à 1 000 kilos. Ainsi entreposé, il peut attendre quelques jours.

Ci-dessus à gauche : *Chargement de foin en Auvergne.*
Ci-dessus à droite : *La rentrée des foins, Sarcelles.*

Fanage en montagne

Dans les régions au climat humide et au sol frais, le fanage se fait par *siccateurs*, supports de formes variées sur lesquels le fourrage est placé aussitôt après le fauchage ; l'air circule entre les montants des supports et le fourrage est rentré sans autre manipulation.

Pendant la fanaison, le foin est retourné deux fois par jour.

Une autre méthode fort ancienne est aussi utilisée. Le jour ou le lendemain de la coupe, le fourrage est rassemblé et tassé en grosses meules de 3 à 4 mètres de diamètre et autant de hauteur. Au bout de vingt-quatre à trente-six heures, la fermentation est intense, la température au centre atteint plus de 60 degrés : la meule doit être démontée et le fourrage étendu. Après quelques heures d'exposition à l'air ou au soleil, le foin peut être rentré. Cette méthode est très délicate, la fermentation qui n'est pas stoppée à temps peut gâcher toute la meule.

Le foin obtenu par l'un ou l'autre des procédés est rentré à la ferme en vrac, quelquefois à la hotte ou dans des toiles.

Les faneuses attelées

Une faneuse remplace de six à seize ouvriers maniant fourches ou râteaux. En une heure, elle remue le fourrage coupé sur 100 ares. Attelées à deux chevaux, certaines faneuses sont dangereuses, happant tous ceux qui s'exposent à proximité des pointes des fourches ou des broches, occasionnant de nombreux accidents graves.

Rentrée des foins à dos d'homme dans les hautes Vosges.

La rentrée des foins à Gramat. Attelage de bœufs avec leur étrange muflière de toile.

LA VIGNE ET LE VIN :

Du raisin au tonneau, une longue aventure

La floraison de *l'ail des chiens* ou muscari à grappe donne le signal des travaux de la vigne. Selon les climats et les terroirs, les tailles diffèrent. Dans beaucoup de petits vignobles, ce travail est réservé aux vieillards. Le dos courbé par l'âge, les yeux juste à la hauteur du cep, un certain « flair » acquis par une longue pratique guide sa main armée d'un sécateur ou d'une serpette : il examine chaque pied comme une vieille connaissance, il adapte la taille à son âge, à sa pousse, à sa production passée…

Les femmes et les enfants dégagent les branches coupées des liens qui les attachent aux fils de fer ou aux échalas, les ramassent et les mettent en tas pour les brûler.

Dans beaucoup de petits vignobles, la taille est réservée aux personnes âgées.

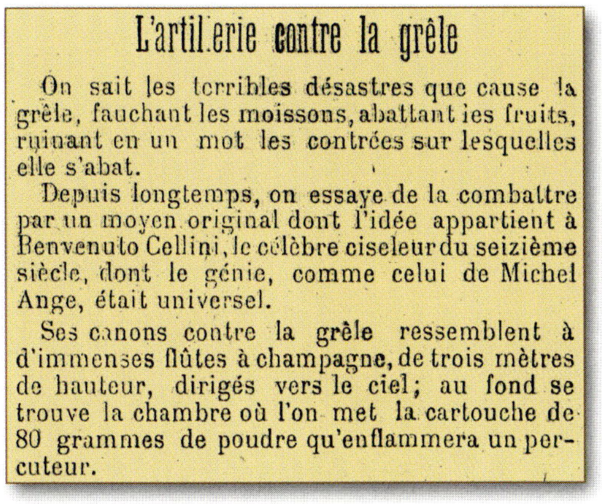

L'artillerie contre la grêle

On sait les terribles désastres que cause la grêle, fauchant les moissons, abattant les fruits, ruinant en un mot les contrées sur lesquelles elle s'abat.

Depuis longtemps, on essaye de la combattre par un moyen original dont l'idée appartient à Benvenuto Cellini, le célèbre ciseleur du seizième siècle, dont le génie, comme celui de Michel Ange, était universel.

Ses canons contre la grêle ressemblent à d'immenses flûtes à champagne, de trois mètres de hauteur, dirigés vers le ciel ; au fond se trouve la chambre où l'on met la cartouche de 80 grammes de poudre qu'enflammera un percuteur.

« Le Petit Journal », 7 juillet 1901.

Essai de canon à grêle réalisé par M. Guinaud de Denicé-en-Beaujolais.

La taille faite, les hommes consolident les supports, les femmes lient les sarments.

Le trop-plein de la sève qui monte tombe en fines gouttelettes : les paysans disent alors que la *vigne pleure* et ils prétendent que ces larmes sont souveraines pour les maux d'yeux.

Dans ce printemps naissant, la vigne a deux ennemis impitoyables : les gelées blanches et les pluies abondantes des calendes d'avril. C'est surtout de la Saint-Georges à la Saint-Urbain, pendant la période redoutée des saints de glace, que la gelée est à craindre. Les vignerons s'organisent entre eux pour entretenir pendant ces nuits froides les « nuages artificiels » : des feux d'herbes et de branches vertes sont allumés de façon à ce que le vent rabatte les fumées sur les vignobles, tel un moelleux rideau.

En attendant les vendanges, il faut multiplier les labours.

Jusqu'à la Saint-Jean, les vignes vont fleurir et s'épanouir. En attendant les vendanges, il faut multiplier les labours que les femmes complètent à la bêche, il faut relever, lier et tailler les pampres, traiter au soufre, au sulfate de fer et de cuivre, faire marcher les pompes d'arrosage et les soufflets. Pendant tout l'été, les vignerons posent sur les sarments un œil vigilant et sur les cieux un œil inquiet, redoutant toujours orages et grêle.

Aux premiers jours de septembre, propriétaires et vignerons observent le raisin qui commence à *mêler*, c'est-à-dire qu'il se teinte de rouge et de noir. Ils goûtent le jus de plus en plus sucré et visqueux. Ils tâtent le pédicule de la grappe qui vire au brun rougeâtre.

Le Petit Journal

Le Petit Journal
CHAQUE JOUR — 6 PAGES — 5 CENTIMES
Administration : 61, rue Lafayette
Le Supplément illustré
CHAQUE SEMAINE 5 CENTIMES

5 CENTIMES SUPPLÉMENT ILLUSTRÉ 5 CENTIMES

Le Petit Journal Militaire, Maritime, Colonial.... 10 cent.
Le Petit Journal agricole, 5 cent. ~ La Mode du Petit Journal, 10 cent.
Le Petit Journal illustré de la Jeunesse, 10 cent.
On s'abonne sans frais dans tous les bureaux de poste

ABONNEMENTS

	SIX MOIS	UN AN
SEINE et SEINE-ET-OISE..	2 fr.	3 fr. 50
DÉPARTEMENTS........	2 fr.	4 fr. »
ÉTRANGER	2 50	5 fr. »

Les manuscrits ne sont pas rendus

Dix-huitième Année — DIMANCHE 9 JUIN — Numéro 864

LA CRISE VITICOLE
Haro sur le buveur d'eau claire

À gauche : Les « buveurs d'eau claire » vilipendés dans « Le Petit Journal » du 9 juin 1907 : un article qu'on imagine mal un siècle plus tard !

LA CRISE VITICOLE

Haro sur le buveur d'eau claire !

On n'est pas complètement d'accord, même dans le Midi, sur les causes de la mévente du vin. La masse des viticulteurs ne les trouve que dans la fraude ; la masse des négociants les trouve, surtout, dans la surproduction naturelle, et, conséquemment, ceux-ci font volontiers peser les responsabilités sur ceux-là... et réciproquement.Et puis, il existe une cause qu'on paraît ignorer un peu trop. C'est celle résultant de la mode qui exile le vin de beaucoup de tables pour le remplacer par l'eau. Un médecin déclarait, l'autre jour, qu'il empêchait, à lui seul, la vente de 150,000 litres de vin par an.

Sophistications et fraudes, surproduction, hygiène nouvelle : le vignoble français traverse une grave crise.

Les buveurs de vin

Alors que les buveurs d'eau claire,
D'après le dicton populaire,
Passent pour de méchantes gens,
Les buveurs de vin, leurs confrères,
Sont la bonté même, au contraire,
Et sont les seuls intelligents.

Courbés, des hommes vont, cisaille en main, parmi l'entrelacement des rameaux enchevêtrés, tracer les chemins qui faciliteront le passage aux porteurs chargés de déverser la vendange dans les charrettes.

Les villages se réveillent au bruit des tonneaux qui roulent, des maillets qui réparent les *futailles* et les cuveaux abîmés, qui remettent en place les cercles des barriques.

En Bourgogne, la « paulée » marque la fin des vendanges.

Au centre : Vendangeurs du centre de la France et leur bacholle.

Préparer les vendanges, c'est déjà la fête !

Ce départ aux vignes, c'était une sorte de solennité : jusqu'en 1889, d'un commun accord, les vignerons en fixaient la date. Cela s'appelait le *ban de vendange*. Tout le village s'assemblait sur la place et décidait de ce jour d'ouverture. « *Il paraît même – et les anciens le rappellent en souriant – que les femmes menaient grand vacarme à cette élection. Si elles n'avaient pas droit de vote, elles l'inspiraient. C'est ainsi que le suffrage universel fonctionnait au village bien avant d'être dans la loi* », commente Michel Corday dans *Vendanges et Vendangeuses*, le 1er octobre 1903.

Le tonnelier devient le personnage le plus important : du choix des matériaux, de son habile tour de main dépend la qualité du vin.

Les planches cintrées en leur milieu ou *douves* sont serrées les unes contre les autres. Le tonnelier allume en dessous un feu de copeaux pour en parfaire le *centrage*, il ajuste les fonds et les barres puis il cercle les deux extrémités. La partie du tonneau qui offre le plus grand diamètre s'appelle le *ventre* ou le *bouge*. C'est à cet endroit, à égale distance des extrémités, qu'il pratique le *trou du bondon* ou *bonde*.

Le bois employé pour les douves s'appelle le *merrain* et pour les fonds, le *traversin*. Des arbres les plus gros et les plus sains, on ne prend que le cœur : que ce soit chêne, châtaignier ou hêtre, le bois doit être sec, sans nœud ni défaut.

La confection des cercles est une opération très particulière et délicate. Au printemps, les *cercliers* établissent leur chantier dans les forêts proches des vignobles, lorsque le bois est vert. En Touraine et en Périgord, les cercles sont en châtaignier ; en forêt d'Orléans, ils sont fabriqués en bouleau tandis qu'en Lorraine, en Champagne et en Bourgogne, le noisetier et le saule marceau sont utilisés. Le cercle de chêne est le meilleur mais il est rare et cher car il nécessite des chênes bien droits, ayant de quinze à dix-huit ans.

Pendant cette préparation, les routes du Languedoc retentissent d'un piétinement continu de troupes d'hommes, de femmes et d'enfants en marche. Les gares proches débordent et grouillent d'une foule bruyante, au verbe sonore, aux blouses raides et aux grands chapeaux. Dans une odeur âcre d'ail, de vinasse et d'étable, ce sont des gens du Larzac, de l'Aveyron et des hauts plateaux de l'Hérault : ils viennent se louer à la semaine, attirés par un labeur plus rémunérateur que celui que

Porteurs de raisins.

leur offre le sol ingrat de leurs montagnes ou de leurs châtaigneraies.

D'autres sont entassés dans d'immenses charrettes qui sont allées les chercher directement, pour le compte de propriétaires bien organisés. A l'arrivée des convois, les métayers font l'appel ; sur des tables dressées en plein air, d'immenses marmites remplies d'une soupe épaisse attendent les robustes appétits.

Le jour convenu, dès l'aube, le son rauque de la conque retentit : après la collation, chaque chef de file rassemble son personnel ; femmes et enfants reçoivent un large seau de fer numéroté qu'ils garderont pendant toute la durée des vendanges. Placés sur un rang, ils montent en ligne droite, dépouillent chaque cep de ses raisins qu'ils entassent dans une *charpagne* d'osier ou dans un panier de bois, seul accepté dans certaines régions parce qu'il ne perd pas de jus. Ils hèlent les *hotteux* ou les *vide-paniers* pour transvaser au fur et à mesure leur récolte. Le hotteux descend vers le *bellon* qui charrie les raisins de la vigne au vendangeoir.

Il faut remarquer que seuls les enfants et les femmes sont occupés à couper les raisins, le salaire de cette besogne ne pouvant suffire aux hommes. En 1905, une coupeuse gagne 2 francs par jour et 1 litre de vin ; un porteur ou un chargeur gagne 5 francs et 2 litres de vin.

C'est à croire que la griserie du vin transpire déjà de la vigne et du raisin : tout le monde échange les grosses plaisanteries ou quelques couplets de chants rudes comme le labeur.

En Languedoc, les vendanges commencent par les raisins de *robe* ou de *couleur*, comme par exemple, les *Grands noirs*, les *Alicantes*, les *Jacquez*, les *Mourastel* et les *Petits Bouchet*. Une fois la récolte soutirée, elle est répartie proportionnellement dans les foudres. Viennent ensuite, selon le degré de maturité, les *Aramons*, pour les plaines de *l'Hérault, et Cinsauts, Carignans, Terrets, Œillades* pour les coteaux ou terrains de grès de Saint-Georges et de quelques environs de Montpellier dont ils ont fait la réputation.

Chaque région a ses manières de vendanger. Le raisin est coupé à la serpette, au sécateur ou même aux ciseaux, puis recueilli dans des paniers d'osier (Bourgogne), de bois (Bordelais), des seaux (Provence), des *caques* (Champagne)…
Les porteurs vident ces vendangeoirs dans des hottes (Médoc), des *comportes* (Midi), des *balonges* (Côte-d'Or), des bennes ou des *pastières* (Hérault), des *bénatons* (Bourgogne et Champagne).

II – Les Vendanges en Champagne - *L'épluchage des raisins*

Vendanges en Champagne.

Décuvage et mise en bouteille dans une cave de Vouvray.

En Gironde, l'époque des vendanges varie du 15 septembre au 1er octobre. Les grands crus du Médoc donnent le signal, puis viennent les autres crus rouges, suivis des vignobles de raisins blancs.

Le travail des vendanges commence de grand matin et son organisation tient un peu de la discipline militaire. Un certain nombre de *coupeurs et coupeuses* est placé sous les ordres d'un *brigadier* chargé de diriger la cueillette et de veiller à ce qu'il ne soit coupé que les grappes saines arrivées à parfaite maturité. Au fur et à mesure que les paniers sont pleins, un *vide-paniers* fait tomber les raisins dans une *baste*, petit baquet de bois pouvant contenir quatre paniers.

Les bastes remplies, deux *porte-bastes* les transportent sur leur tête jusqu'à la charrette chargée de deux *douils*, récipients contenant 24 bastes. En cas de pluie, ils sont couverts de parapluies en grosse toile cirée.

Un *commandant* dirige l'ensemble des vendanges.

Pendant que la cueillette se fait dans la vigne, les hommes, au pressoir, appelé aussi *cuvier*, exécutent le *foulage*.

Chaque région viticole a son outillage particulier et ses procédés imposés par la tradition locale mais le but commun est de changer le raisin en moût et le moût en vin…

Quelquefois, pour obtenir des vins plus moelleux et plus fins, moins riches en tanin, des *égrappeuses* enlèvent les pédoncules et les grains avariés qui peuvent compromettre la qualité.

Après la foulée, le précieux liquide entre en *fermentation* avec un bouillonnement tumultueux. Les parties solides se soulèvent en chapeau. Au bout de quelques jours, le bouillon se tait, le chapeau s'affaisse, il est temps de décuver.

Le *décuvage* ou *écoulage* se fait à l'aide d'un robinet qui, placé à la partie inférieure de la cuve, donne passage au premier liquide appelé *goutte-mère*. Tant que le robinet coule, le vin est mis en fûts. Il ne reste plus qu'un mélange de peaux, de grappes et de pépins, appelés *marc*, et dont le *pressurage* peut encore extraire ce qui reste de liquide.

Extrait de la « Revue Bourguignonne », 1909.

On congelait les vins pour leur procurer plus de corps et de nerf, on les chauffait à 55° pour détruire des germes de fermentation, pour leur donner l'apparence de vieillesse. D'où la nécessité pour le négociant de posséder un matériel vinaire coûteux, à tel point que le chai rappelle un laboratoire plus qu'une bonne vieille cave d'antan [1].

Production vinicole en France

1850 : 45 millions d'hect.
1875 : 84 «
1889 : 23 «
1913 : 44 «
1930 : 58,6 «

Cette production est insuffisante, puisqu'en moyenne, les Français en consomment 75 millions d'hectolitres !

Lot-et-Garonne : ciselage du chasselas.

« Défendons nos droits ». Manifestations des bouilleurs de crus contre les nouvelles lois réglementant les alcools, à La Chapelle-Urée (Manche) dans les années trente.

(Extrait de « Bouilleurs de cru et rats de cave », H. Gancel, J. Le Gall, Éd. Ouest-France)

Les alcools & les bouilleurs de cru

L'usage des pommes de terre dans la production de l'alcool ne remonte pas au-delà des premières années du XIXe siècle. Jusqu'en 1850, le *vin* et le *marc de raisin* sont les sources principales de l'alcool livré à la consommation française.
Le phylloxéra termine ce que l'oïdium a commencé vers 1850 : le désastre des vignes joint à de mauvaises récoltes, les vins ne suffisent plus à la demande. La distillation des pommes, prunes, poires, et bien d'autres fruits, jusqu'alors très locale, s'étend sur toutes les régions.
La production atteint 2 152 000 hectolitres en 1928 et passe à 5 826 000 en 1935 : ces chiffres ont une exactitude toute relative, du fait de la production familiale, difficilement contrôlée des bouilleurs de cru, estimée à 2 678 000 hectolitres en 1935.

Alambic ambulant dans une cour de ferme : l'employé des contributions indirectes contrôle le cahier-journal (1903).

Les bouilleurs de cru

Propriétaire, fermier ou métayer distille ou fait distiller chez lui les fruits et lies qui proviennent exclusivement de sa récolte. Il est appelé *bouilleur récoltant* : son activité s'effectue en toute liberté sous couvert du privilège des bouilleurs de cru datant de 1875.
La loi du 29 décembre 1900, appuyée par celle du 31 mars 1903, permet la distillation en quantité illimitée des marcs, vins, cidres, poirés, lies, cerises et prunes provenant de son exploitation, à l'exception de tous autres fruits ou céréales,

la quantité de liquide fermenté à traiter ne devant pas dépasser 200 litres par vingt-quatre heures. En cas d'usage d'alambics prohibés, il leur est alloué, en franchise, sans droits, 20 litres d'alcool par producteur et par an, pour leur consommation personnelle.
En 1901, 11 244 bouilleurs de cru ont perdu leur privilège pour fraude !
La loi du 22 avril 1905 prescrit l'ouverture obligatoire, dans chaque commune, d'ateliers publics de distillation et celle du 17 avril 1906 en réglemente étroitement l'utilisation.
Les bouilleurs ambulants sont les *bouilleurs à façon* ou *loueurs d'alambic* qui vont d'un village à l'autre avec un *permis de circulation* valable un mois. Ils doivent tenir un *cahier-journal* avec les noms et adresses des clients visités, en notant à la fin de chaque journée les quantités d'alcool produites.

Ci-dessus et en haut à gauche : ***Quelle que soit la région, la distillation de l'eau-de-vie semble à la fois magique et précaire...***

Un alambic en tournée en 1903.

Les fruits & légumes

La culture des arbres fruitiers, des légumes et des primeurs destinés à la production commerciale, est relativement récente en France : elle est née au début du XXe siècle, avec la culture intensive. Cette nouvelle branche agricole se développe grâce aux engrais et à la spécialisation des agriculteurs et de leur main-d'œuvre, au choix de terres excellentes, aux progrès des installations de forçage et de stockage, grâce aussi à l'impulsion des sociétés horticoles et au développement des voies de communication. Elle s'éparpille sur tout le territoire, principalement à proximité de Paris et des grandes villes, là où la commercialisation s'effectue facilement sur les marchés locaux.

Transport de la récolte et retour à la ferme.

Les pommes de terre

Les pommes de terre jouent un rôle très important à la ferme, pour la nourriture des gens et pour l'engraissement des animaux. « *Elles peuvent servir d'une façon très économique à l'engraissement rapide des races bovines, ovines et porcines. Elles peuvent avantageusement entrer, en hiver,*

Statistiques des surfaces ensemencées en France

1817 : 500 000 hect.
1862 : 1 234 800 hect.
1900 : 1 510 000 hect.
1914 : 1 486 000 hect.
1920 : 1 457 000 hect.
Le rendement moyen à l'hectare reste assez variable : 81 quintaux en 1900, 90 en 1915, 80 en 1920.

L'arrachage et le ramassage sont souvent effectués par des femmes payées à la journée.

dans la ration des chevaux et des volailles, sous forme de pâtée mélangée de son et de farine d'orge, après cuisson au four ou à la vapeur », conseille *La Culture intensive illustrée* de janvier 1905.

Après les importants travaux des moissons et des vendanges, c'est la dernière récolte de l'année, plus particulièrement réservée aux femmes et aux enfants.

En 1888, nous cultivons toujours les vieilles variétés préconisées par Parmentier alors qu'il posait déjà, en 1805, le principe du rajeunissement des anciennes espèces. L'agronome Aimé Gérard importe d'Allemagne les plants destinés à la production de la pomme de terre industrielle destinée à la nourriture des bestiaux, à la féculerie ou à la distillerie. En 1905, nos espèces potagères – Marjolin, Victor, Hollande mi-hâtive – nous viennent toutes d'Angleterre. En 1922, le Larousse agricole rappelle que M. de Vilmorin a expérimenté 1 200 variétés et M. Heine, en Allemagne, 3 311 !

Tri et préparation des pommes de terre pour la plantation.

La *grosse blanche*, tachée de rouge, nommée pomme de terre à vaches dans certaines régions : cultivée en grand, dans tous les sols, elle sert pour la nourriture des animaux. La *blanche longue*, appelée aussi *blanche irlandaise* ; la *jaune ronde*, à la chair sucrée et farineuse ; la *rouge longue*, en forme de rognon, la *rouge ronde*, la *violette hollandaise*, la *petite blanche chinoise*, la *rouge à corolle blanche*, de saveur exquise, emplissent les *charpagnes* d'osier des arracheuses avant d'être portées dans les sacs de toile bise qui s'alignent au bord du champ.

En 1920, les pommes de terre de Loctudy sont, paraît-il, très prisées.

La recette préférée d'André Theuriet
(1905)

« Coupez en rondelles vos pommes de terre cuites à l'eau et refroidies. Ajoutez-y des émincés de truffes du Périgord, des filets d'anchois, et quelques rondelles de betteraves cuites au four. Au fond du saladier, préparez l'assaisonnement suivant : sel et poivre dissout au préalable dans une excellente huile d'olive ; vinaigre à l'estragon ; larges cuillerées de jus de perdreaux, et comme couronnement, doses proportionnées de vin de Sauternes ou de Champagne, selon les goûts. Aromatisez la mixture avec du jus de citron. Mélangez avec lenteur ces condiments divers, puis versez-y pommes de terre, truffes, anchois et betteraves. Retournez longtemps et délicatement votre salade et dégustez-la… » L'auteur conclut : « Vous vous lécherez les doigts jusqu'au coude. »

Les betteraves fourragères et betteraves à sucre

Travaux d'automne : l'arrachage des betteraves.

Mathieu de Dombasle est l'un des pionniers de la culture de la betterave fourragère avec Chaptal et Crespel-Delisse.

En 1929, la surface cultivée atteint 866 600 hectares et 27 290 000 tonnes récoltées contre 296 700 hectares et 8 122 000 tonnes en 1882. Les principaux producteurs sont l'Ille-et-Vilaine, les Deux-Sèvres, la Vendée et le Finistère.

Dès 1812, la betterave à sucre est localisée près des bassins houillers : il faut plus d'une tonne de houille pour extraire une tonne de sucre. Jules Méline, ministre de l'Agriculture, affirme en 1884 : « *Qu'est-ce que la betterave ¿ 245 millions de francs ! La grande industrie de la houille n'en représente que 241, le fer et la tôle 222. L'industrie sucrière occupe 75 000 ouvriers d'usine et 100 000 ouvriers de culture. Les 100 000 bœufs qu'elle utilise produisent 30 millions de kilos de viande et la fumure pour 200 000 herbages.* »

En 1882, la production atteint 6 millions de tonnes ; en 1929, elle est de 63 millions de tonnes. Les principaux départements producteurs sont le Nord, le Pas-de-Calais, l'Aisne, la Somme, l'Oise, la Seine-et-Marne, l'Eure et le Loiret.

En 1929, la culture des betteraves s'étend sur 866 000 hectares.

Les fruits

Ces nouveaux arbres fruitiers, acclimatés pendant le XIXe siècle, sont rares : ils se bornent au *bibacier*, au mandarinier et au *plaqueminier*. En revanche, d'innombrables variétés sont nées par l'étude et le hasard pour les poirier, pommier, abricotier, cerisier, pêcher et prunier.

La culture intensive, la culture forcée sous abri, la taille en pyramide, buisson, fuseau ou espalier, permet une consommation nationale qui garde un caractère de luxe du fait de sa production coûteuse.

Les fruits de table donnent lieu à un commerce extérieur actif. Pendant la période de 1891 à 1900, notre exportation a rapporté 32 millions de francs (environ 100 millions d'euros). L'Angleterre est la principale cliente des agriculteurs français, suivie de près par l'Allemagne, la Belgique, la Suisse et les Etats-Unis.

En 1892, la production de fruits a rapporté 118 millions de francs (370 millions d'euros).

Ci-dessus à gauche :
Dans le Périgord, à la veillée, les énoiseuses épluchent les châtaignes.

Ci-dessus à droite :
Tri des poires dans un verger.

Marchands de fraises à Plougastel-Daoulas.

En 1926, 42 840 tonnes d'artichauts sont cultivées sur 4 760 hectares.

Les cultures maraîchères

Elles s'étendent sur 600 000 hectares, soit 4 % du territoire. Les terrains humides et marécageux constituent le terrain idéal : les *hortillonnages* d'Amiens, les *parquets* de Montdidier, les *hardinières* de Péronne, les *broukailles* de Saint-Omer, les *airès* de Beauvais, les *hofs* de Dunkerque...

Les départements du Finistère, Morbihan, Maine-et-Loire, Bouches-du-Rhône, Seine-et-Oise, Manche produisent surtout des oignons, choux-fleurs, artichauts, navets et haricots verts.

Pendant la période de 1891 à 1900, notre exportation de légumes a rapporté 22 millions de francs (environ 70 millions d'euros). Nos meilleurs clients sont l'Angleterre, l'Allemagne et la Belgique.

En 1926, 76 270 tonnes de poireaux sont récoltées en France.

Les hortillonnages d'Amiens s'étendent en 1922 sur 500 hectares de marais entrecoupés de petits canaux, les rieux, communiquant avec la Somme. Les maraîchers viennent y travailler en barque.

STATISTIQUES DE PRODUCTION EN 1926

LÉGUMES FRAIS		
Petits pois	21 600 ha	104 450 tonnes
Choux	18 052 ha	479 510 tonnes
Haricots verts	11 900 ha	52 260 tonnes
Carottes	11 300 ha	194 150 tonnes
Asperges	10 264 ha	36 760 tonnes
Choux-fleurs	10 180 ha	168 820 tonnes
Oignons	8 000 ha	165 000 tonnes
Tomates	4 850 ha	120 000 tonnes
Artichauts	4 760 ha	42 840 tonnes
Courges	4 190 ha	138 400 tonnes
Ail	3 197 ha	16 600 tonnes
Poireaux	3 186 ha	76 270 tonnes
Navets	3 000 ha	45 800 tonnes
Echalotes	897 ha	6 450 tonnes

LÉGUMES SECS		
Haricots en grain	86 887 ha	126 388 tonnes
Fèves	37 000 ha	49 000 tonnes
Féveroles	30 849 ha	54 700 tonnes
Pois	22 000 ha	34 700 tonnes
Lentilles	4 793 ha	4 288 tonnes
Pois chiches	1 124 ha	1 448 tonnes

Les légumes secs

Ci-dessus : Chaque région a ses cultures maraîchères de prédilection qui sont écoulées sur des marchés spécialisés.

À droite : Cette artillerie paragrêle a pour inventeur le savant breton Charles Le Maout. « Le Petit Journal », 5 juin 1910.

Il s'agit des légumineuses à grains comme les fèves, les féveroles, les haricots, les pois, les lentilles, les pois chiches, la jarosse, la gesse…

Les lentilles, cultivées dans la Haute-Loire, le Cantal, la Marne, et les pois sont des cultures en pleine décroissance tandis que les haricots constituent l'une des productions les plus importantes notamment dans les Hautes-Pyrénées, les Landes, la Vendée et la Gironde. Les pois chiches sont produits sur peu d'hectares mais sur vingt départements.

Les fleurs & les plantes

Les fleurs

Entre les Alpes et le Rhône, la culture des fleurs a depuis longtemps pris une importance tout à fait exceptionnelle. Les champs de roses, d'œillets, de violettes, de tubéreuses et de jasmins embaument l'atmosphère au milieu des mimosas et des orangers, des lavandes, du thym, des lis, des iris et de la menthe…

C'est dans les départements du Var et des Alpes-Maritimes que les cultures florales sont pratiquées à grande échelle. Les quantités énormes de fleurs récoltées chaque année se divisent en deux parties : les unes sont expédiées à Paris pour y être vendues en bouquets, les autres sont traitées sur place pour l'extraction des parfums.

213 P. L. Maillan, édit., Cannes
COTE D'AZUR — Cueillette des tubéreuses

Plus de 5 millions de fleurs sont traitées annuellement par 1 500 cueilleurs et ouvriers.

Le marché aux fleurs de Paris. « Le Petit Journal », 29 mars 1903.

En 1904, à Paris, la vente des œillets a rapporté 794 258 francs (2 500 000 euros), les roses, 482 075 francs (1 500 000 euros) ; les violettes, 670 000 francs (2 100 000 euros) ; le mimosa, 458 660 francs (1 400 000 euros), ce qui représente environ 16 millions d'œillets 8 millions de roses, 8 millions de bouquets de violettes et 102 000 paniers de mimosa !

En 1904, la vente des roses a rapporté l'équivalent de 1 500 000 euros.

L'industrie de la parfumerie s'est installée dans les Alpes-Maritimes où l'on compte plus de 60 fabricants faisant un chiffre d'affaires de 20 millions de francs (63 millions d'euros) dont la moitié pour l'exportation.

Plus de 1 500 ouvriers et ouvrières vivent de cette industrie, sans compter les cueilleurs saisonniers italiens. Plus de 5 millions de fleurs sont traités annuellement. Les quantités les plus importantes concernent la rose (2 000 tonnes), la fleur d'oranger (2 500 tonnes), la violette (300 tonnes), le jasmin (600 tonnes), les tubéreuses

Sur la Côte d'Azur : la cueillette du jasmin.

Travail des fleurs de mimosa à la parfumerie Lantier fils de Grasse.

2 500 tonnes de fleurs d'oranger sont cueillies tous les ans.

(150 tonnes), le géranium (35 tonnes)… Toutes ces fleurs sont pesées sans leurs tiges : pour obtenir 1 kilo de pétales de roses, il ne faut pas moins d'un millier de fleurs. De même, mille touffes de violettes produisent 20 kilos de fleurs à traiter.

La campagne de Grasse offre, au moment de la cueillette, un aspect des plus pittoresques : les champs colorés des tons les plus riches et les plus variés sont envahis d'hommes, de femmes et d'enfants qui travaillent avec ardeur. Les usines où s'opère l'extraction des parfums absorbent chaque jour des quantités considérables de fleurs. Certaines maisons reçoivent, chaque jour, pendant la cueillette des violettes, plus de 30 tonnes de ces fleurs.

En 1904, dans le seul département des Alpes-Maritimes, la production annuelle s'est décomposée comme suit :

Pommade parfumée : 400 tonnes ; Huile parfumée : 100 tonnes ; Essence de roses : 400 kilos ; Eaux distillées : 4 millions de litres représentant 6 millions de francs (19 millions d'euros).

Petit à petit, la culture florale, en vue de la vente en fleurs coupées pour bouquets, s'est développée sous serres dans les environs de Lyon, Paris, Nantes, Angers, Tours et Orléans. En 1936, 16 000 hectares sont ainsi occupés.

Les plantes destinées à la confiserie

Pour mémoire, sont à citer la culture de l'angélique dans la région de Niort, celle de l'anis dans le Bordelais et aux abords d'Angoulême, celle de la réglisse dans le Val de Loire tourangeau et enfin celle du chardon, dans la vallée de la Durance et près de Toulon.

Un arracheur de gentiane en Auvergne.

Les plantes médicinales et apéritives

Beaucoup de végétaux trouvent leur emploi dans la pharmacie et l'herboristerie : aconit, arnica, belladone, camomille digitale, gentiane, rhubarbe, ricin, salsepareille, séné, valériane.

D'autres sont employées par les fabricants de liqueur : carvi, fenouil, petite absinthe (cultivée), coriandre, gentiane, menthe, génépi.

La culture est très délicate et elle demande des connaissances approfondies sur les végétaux. Elle réserve bien des déboires.

En 1930, la récolte de tilleul représente 153 tonnes dans la Drôme, les Basses-Alpes et le Vaucluse ; la menthe : 230 tonnes dans l'Oise ; la mélisse : 124 tonnes en Seine-et-Oise ; la sauge : 322 tonnes dans le Var et les Alpes-Maritimes.

A Pontarlier, une culture perdue : celle de l'absinthe !

Plus qu'une épice, le safran était avant tout une plante tinctoriale.

Les plantes tinctoriales

La garance, cultivée dès les temps les plus anciens, est une véritable richesse agricole dans le secteur d'Avignon et en Alsace. On en tire de la poudre de garance (par pulvérisation des racines préalablement desséchées à l'étuve), la fleur de garance (par lavage de la poudre à l'eau légèrement acidulée), la garancine (par action de l'acide sulfurique), l'alizarine (par traitement à la vapeur surchauffée de la garancine) et le carmin de garance (par réaction à froid de l'acide sulfurique sur la fleur sèche et précipitation par l'eau). La précieuse herbacée doit son pouvoir colorant à l'alizarine et à la purpurine.

Autrefois florissante, la culture des plantes pour colorants végétaux a presque complètement disparu vers 1930, la science ayant réussi à produire les colorants artificiels par synthèse.

Le safran, la gaude et le pastel, appelé bleu d'Europe, disparaissent petit à petit de la basse vallée du Gers, de Franche-Comté et de la région de Montargis.

Le houblon

Il exige des soins minutieux et donne des récoltes incertaines, dispendieuses mais lucratives. Seules les fleurs femelles sont employées pour la bière.

La houblonnière s'établit dans un terrain très profondément travaillé et très enrichi en fumure. Les pousses herbacées sont prélevées sur des pieds femelles sains et vigoureux, à l'époque de la taille ou du *châtrage* et plantées à 35 centimètres de profondeur, avec un écartement de 2 mètres en tous sens. On compte 3 000 à 4 000 pieds à l'hectare.

Ci-dessus :
Les houblonnières de Bourgogne s'étendent en 1920 sur 630 hectares.

Le perchage et la mise en faisceaux sont des manipulations onéreuses.

Si la plantation se fait avec des boutures racinées, la mise en place de perches ou de fils de fer s'impose, car elle sera productive dès la première année.

Les perches sont en sapin, mélèze ou épicéa. Elles ont de 8 à 10 mètres de hauteur, sont débarrassées de l'écorce, injectées de sulfate de cuivre et carbonylées sur une hauteur d'un mètre. En 1914, une perche coûte 1 franc (15 centimes d'euro) et dure dix ans.

Le *perchage* au printemps, le *déperchage* en automne, la *mise en faisceaux* sont des manipulations onéreuses : la culture sur fil de fer est souvent préférée.

Aux deux extrémités de chaque ligne, de solides perches de 7 à 8 mètres sont plantées, inclinées vers l'extérieur. De l'une à l'autre, un gros fil de fer galvanisé court horizontalement, soutenu tous les 10 mètres par un solide poteau de bois. Un piquet de soutien est planté à chaque pied.

Plusieurs fois pendant la croissance, les pousses sont liées, c'est l'*accolage*, les gourmands supprimés. En mai, juin et juillet, il y a le *binage* suivi du *pincement* et du *rognage* : lorsque le houblon atteint 3 à 4 mètres de haut, les rameaux latéraux sont écourtés puis supprimés. L'*écimage* l'empêche de dépasser les perches.

Dès la deuxième année, les soins d'entretien des souches commencent en mars-avril : elles sont découvertes complètement et taillées, puis butées à nouveau. C'est *l'habillage.*

En 1900, les plantations occupent 2 851 hectares et produisent 3 623 tonnes. En 1920, elles s'étendent surtout dans le Bas-Rhin (2 800 hectares produisant 4 200 tonnes) ; dans le Nord, à Busigny et à Bailleul (420 hectares pour 620 tonnes) ; en Meurthe-et-Moselle (250 hectares pour 35 tonnes) et en Côte-d'Or (630 hectares pour 746 tonnes). En 1930, les surfaces totales tombent de 4 800 hectares à 2 000 hectares et la production de 5 000 tonnes à 2 200 tonnes.

Les Grandes Brasseries et Malteries de Champigneulles (Meurthe-et-Moselle).

En 1920, 746 tonnes de houblon sont récoltées en Côte-d'Or.

Le tabac

Plante herbacée annuelle, à tige ligneuse ou *frutescente*, haute de 2 mètres environ, à fleurs en grappes, en *cymes*, *corymbes* ou panicules, à corolle *infundibuliforme*, ses feuilles donnent le tabac à priser, à mâcher et à fumer.

En 1920, sa culture, autorisée sur vingt-cinq départements, s'étend sur 14 000 hectares et occupe environ 40 000 planteurs pour une production de 28 000 tonnes.

La culture du tabac aux environs de Bordeaux. Elle nécessite des besoins importants en main-d'œuvre.
Collection *Clichés du Passé*. Marseille.

Les deux tiers de la production sont assurés par le Lot, le Lot-et-Garonne, la Dordogne, la Gironde, l'Isère, la Savoie, la Haute-Savoie, le Pas-de-Calais, le Nord, le Bas-Rhin et l'Ille-et-Vilaine.

Pour mieux gérer des besoins énormes en main-d'œuvre, la Meurthe-et-Moselle se distingue par un système d'exploitation particulier. Le propriétaire donne le sol qu'il fume et travaille consciencieusement, cède les couches et le séchoir. Le planteur, une famille d'ouvriers agricoles, sème et surveille la couche, plante le tabac, le bine, le butte, l'écime, l'ébourgeonne, le cueille et le fait sécher.

Les produits se partagent par moitié. A Nomeny, en 1900, la recette brute, à l'hectare, atteint 4 000 francs, soit 12 500 euros.

Le tabac est non seulement vendu pour être fumé, mais aussi pour être prisé et mâché.
Collection *Clichés du Passé*. Marseille.

Plantation et législation

En mars-avril, les semis s'effectuent sur couche ; ils sont étagés pour permettre une plantation échelonnée.

Lorsqu'ils ont quatre feuilles, les plants sont éclaircis et transplantés dans une pépinière de repiquage : c'est le *picotage*. En mai-juin, quand ils ont six feuilles, ils sont mis en place, en quinconce, au moyen de cordeaux à nœuds, pour une grande régularité : le nombre de pieds à l'hectare est imposé par l'administration. Au bout de dix à quinze jours, les pieds manquants

533 bis A HŒRDT — SÉCHAGE DU TABAC

Ci-dessus : *Séchage du tabac en Alsace. Les feuilles sont enfilées sur des ficelles et mises à sécher pendant 4 à 6 semaines.*
Collection *Clichés du Passé*. Marseille.

À droite : *La prise était souvent le « petit péché » des femmes âgées !*
Collection *Clichés du Passé*. Marseille.

sont remplacés et tous les pieds restant en pépinière sont détruits sous peine d'une amende de 50 francs (160 euros) par cent pieds restants.

Deux ou trois binages, suivis d'un buttage, sont donnés. Les feuilles basses sont supprimées : c'est le *nettoiement*. L'*écimage* ne laisse que huit à douze feuilles par pied. L'*ébourgeonnage*, imposé par l'administration, évite une déperdition de sève. Un inventaire détermine le nombre de feuilles laissées.

Selon les qualités, le rendement moyen à l'hectare oscille, avant 1914, de 1,8 à 3 tonnes de feuilles sèches et le prix de vente moyen varie de 90 à 105 francs le quintal (de 245 à 290 euros).

En août et septembre, les feuilles sont enfilées sur des ficelles, dans un séchoir spécial : c'est *la mise à la pente*. Une fois séchées, elles sont, mises en tas, *marcs* ou *masses*, de 60 à 70 centimètres de hauteur puis triées en trois qualités d'après leur longueur, largeur, nuance, absence ou présence de trous. Elles sont enfin réunies en paquets de vingt à cinquante, appelés *manoques* et disposées en balles livrées à la régie dans un délai de 4 à 6 semaines.

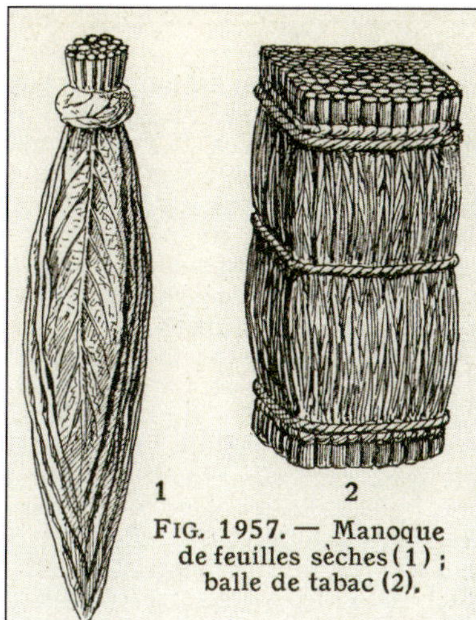

FIG. 1957. — Manoque de feuilles sèches (1) ; balle de tabac (2).

LES PLANTES TEXTILES

Le chanvre

La culture du chanvre s'étend dans la Sarthe, le Maine-et-Loire, le Morbihan et la Haute-Vienne. Il faut 150 à 180 litres de semences à l'hectare pour récolter 3 à 7 tonnes de tiges sèches et de 400 à 1 200 kilos de graines. De croissance rapide, les tiges atteignent presque 2 mètres de haut.

Tout village, à proximité d'un point d'eau, ruisseau ou étang, donne naissance à une *chènevière*. Chaque paysan a sa culture de chanvre, plus ou moins grande, selon les besoins de la famille. Il sert à l'entretien du linge de la maisonnée : il devient la blouse de travail du paysan ou de la fermière, les draps dans lesquels ils naissent, dorment, se marient. Il sert aussi comme câble des navires, tente du soldat,

Séchage du chanvre à l'air libre.

Arrachage du chanvre.

filets de pêcheurs ; quand la toile est hors d'usage, il s'utilise encore comme papier blanc et solide sur lequel les livres s'impriment.

Semé en avril, après une pluie bienfaisante, il faut protéger sa germination des pigeons. Lorsque la fécondation s'opère entre les pieds mâles et les pieds femelles, les paysans disent que la chènevière *fume* et c'est le moment qui est propice à l'arrachage du chanvre mâle dont les feuilles jaunissent. Le chanvre femelle reste sur pied quinze jours de plus, temps de maturation nécessaire pour la récolte des graines : le *chènevis* est utilisé pour la nourriture des volailles et pour l'extraction d'une huile.

Une fois le chanvre arraché, les racines sont coupées à la hache. Il est lié en gerbe en haut et en bas et mis à sécher sur les pieux, dans le champ même. Le séchage terminé, des femmes viennent secouer les fagotins sur des toiles pour en recueillir les graines ; les tiges sont prêtes à subir les opérations successives qui en feront du fil et de la toile.

Le rouissage

Les tiges sont mises à *rouir* pendant une dizaine de jours dans des flaques d'eau dormante appelées *routoirs* : la fermentation entraine la dissolution de la matière mucilagineuse qui unit les fibres entre elles ; elle donne des émanations putrides et nauséabondes qui corrompent l'eau : par mesure de salubrité, il est défendu de procéder au rouissage dans les rivières et ruisseaux.

Le teillage ou espadage

Sorties de l'eau, les tiges sont de nouveau séchées au vent et au soleil avant d'être brisées sur un *teilloir* ou *broie*, chevalet de bois sur le dos duquel un levier martèle les tiges pour en briser l'écorce et en détacher les fibres pour le textile. Les débris de la tige se nomment *chènevotes* ou *chanvres-nus*. Dans beaucoup de régions, cette opération se fait à la main, le soir à la veillée ou tout en marchant et en gardant les troupeaux.

Le peignage et le filage

Après le teillage, les fils de chanvre sont réunis en *poupées* et soigneusement peignés comme des cheveux. Le filage, à l'aide d'une quenouille, d'un rouet et d'un fuseau, est surtout réservée aux aïeules que les infirmités gardent assises près de la fenêtre.

La mécanisation survenue dans les premières années du XXe siècle assure un teillage et un broyage rapide et surtout régulier.

MISE EN BALLON DES BONJEAUX. — Les deux ouvriers du premier plan avancent à celui qui est dans le ballon les bonjeaux, qu'il place verticalement.

LE BALLON EST POUSSÉ A LA RIVIÈRE. — On voit extérieurement, sur les parois, la couche de paille destinée à arrêter les impuretés qui peuvent être amenées par les eaux.

LE BALLON EST SURCHARGÉ DE PIERRES. — Durant le rouissage, les ouvriers enlèvent ou remettent des pierres suivant que le ballon tend à s'enfoncer ou à remonter.

LES BALLONS DANS LA RIVIÈRE. — Celui au premier plan est arrivé à niveau d'eau; le second flotte sur la rivière et vient d'y être poussé depuis peu de temps.

LES BORDS DE LA LYS A L'EPOQUE DU ROUISSAGE DU LIN. — Les ballons surchargés de pierre, tous enfoncés à la même profondeur et entourés de paille, sont maintenus au rivage par des poteaux.

LE BALLON EST RAMENÉ AU RIVAGE. — Les bonjeaux en sont retirés et vont être divisés en petites chapelles.

LES CAHOTS OU PETITES CHAPELLES. — Le Lin sèche sur une prairie au bord de la rivière. A l'arrière-plan, on aperçoit des meules de Lin qui n'est pas encore travaillé.

NUMERO 59 (127) 1er MARS

Les différentes étapes de la culture du lin.

Le lin

Il a besoin d'une terre riche, d'un climat froid et humide qu'il trouve en Seine-Inférieure, dans le Nord, l'Oise, les Côtes-du-Nord, le Pas-de-Calais, l'Eure et l'Aisne. Après avoir occupé 250 000 hectares en France au début du XIXe siècle, sa culture tombe à 27 500 hectares en 1906. Les causes de cette chute résident dans la concurrence du coton, des prix bas pratiqués et de la crise de la main-d'œuvre.

Semis

Il est semé à la volée, souvent par deux jets croisés. Deux hersages très superficiels servent à enfouir les 180 à 230 kilos de semences employés à l'hectare. Deux sarclages d'entretien sont nécessaires pour assurer une bonne croissance.

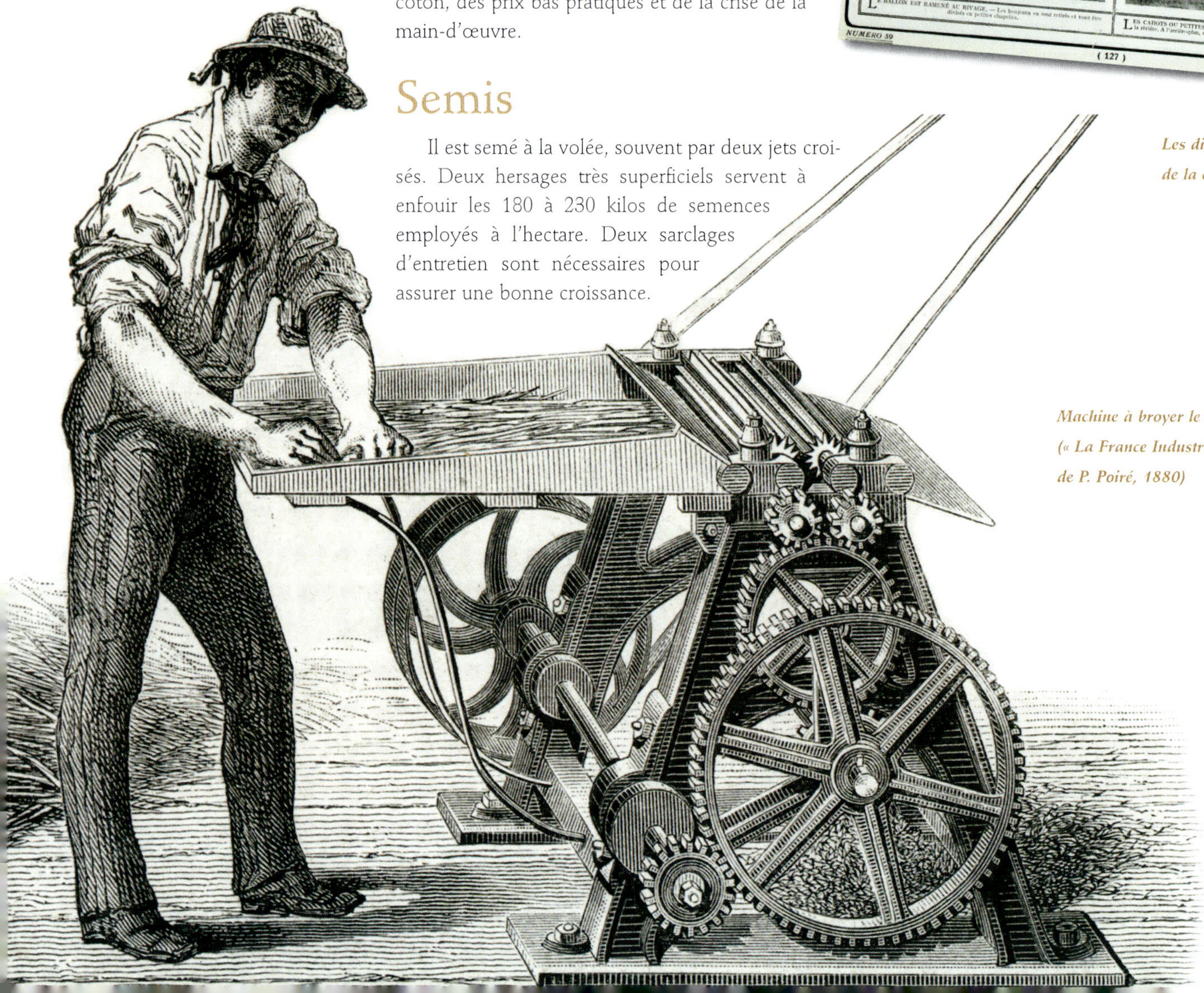

Machine à broyer le lin (« La France Industrielle » de P. Poiré, 1880)

Cahotage du lin ou mise en « moyettes ».

Récolte

La France produit en moyenne à l'hectare 650 à 850 kilos de filasse pour la confection des tissus et 500 à 600 kilos de graines dont l'huile est employée en peinture, dans la fabrication des vernis et du linoléum.

La récolte se fait par arrachage en juillet. Les tiges sont saisies par poignées et dressées en *moyettes*, en *chaînes* ou en *cahots* circulaires afin de sécher. Après dessiccation, elles sont liées et mises en meules.

Le battage se fait à la main : la *drège* sépare les capsules, le *battoir* brise les capsules et libère les graines.

Comme le chanvre, le lin subit le rouissage et le teillage. Pour les grandes surfaces, le battage ainsi que les autres opérations se font mécaniquement.

Une broie.

Battage du lin au battoir.

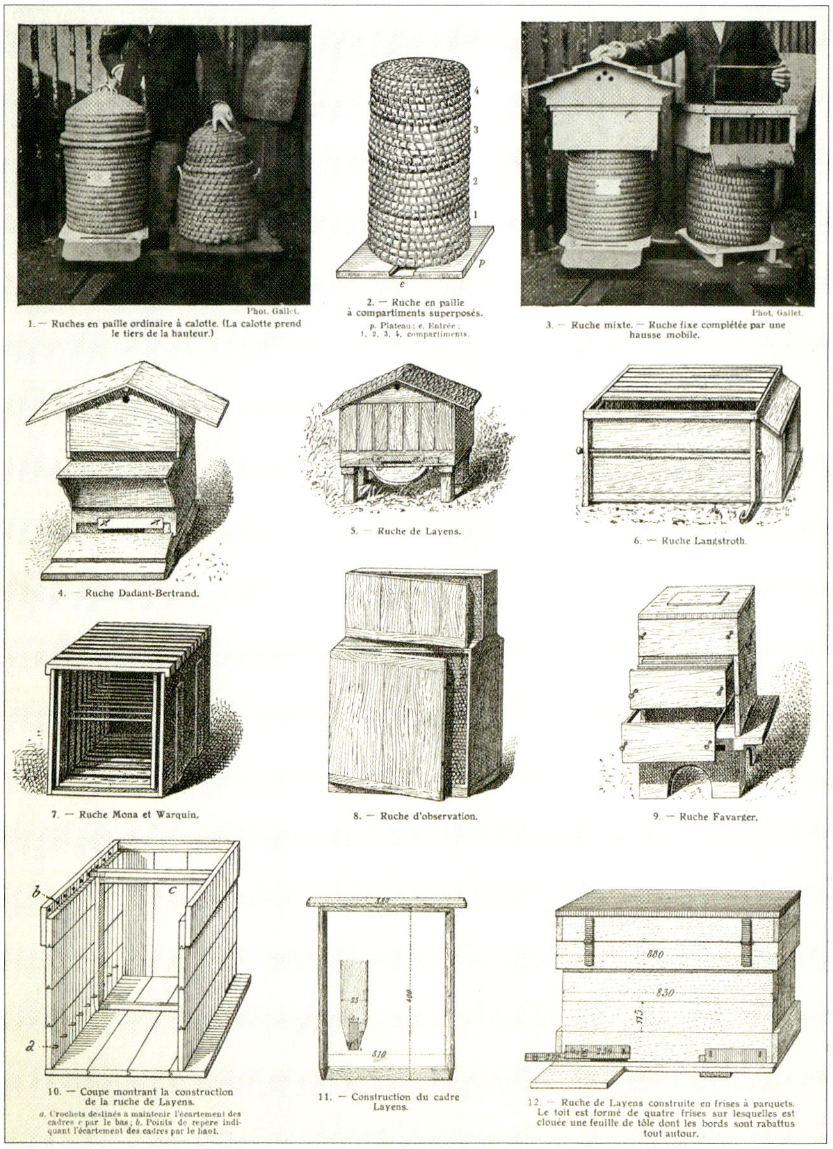

Différents modèles de ruches (« Larousse Agricole », 1921).

Apiculture et sériciculture

Ce sont les deux domaines où l'homme tire profit de l'élevage des insectes.

Les abeilles

« L'art de cultiver les abeilles ne doit pas être considéré comme une branche insignifiante de l'agriculture. Notre pays donne en moyenne une récolte de plus de 15 millions de francs, dont plus de 11 millions pour le miel et environ 4 millions pour la cire. La France exporte chaque année plus de 800 tonnes de miel... », rappelle Gaston Bonnier, président de la Société centrale d'Apiculture en 1914. Les abeilles font partie du cheptel de presque tous les agriculteurs mais le Gâtinais, la Bretagne,

La France est un gros producteur de miel : dans chaque région, on peut voir au détour des chemins des alignements plus ou moins importants de ruches.

La soie française en 1907.

Le ministère de l'Agriculture vient de terminer une enquête dont les résultats semblent indiquer des jours meilleurs pour la sériciculture française qui subit, depuis quelque temps, une crise assez sérieuse. Les vingt-quatre départements où se pratique l'élevage du ver à soie ont produit 8.400.000 kilogrammes de cocons en 1907, ce qui représente, par rapport à l'année précédente, une augmentation d'environ 875.000 kilogrammes ayant une valeur moyenne de 4 francs le kilogramme.

Pour obtenir cette récolte, nos 125.000 sériciculteurs ont dû faire éclore 188.000 onces de graines, c'est-à-dire 4.700 kilogrammes, dont 250 kilogrammes de graines étrangères.

Les départements du Gard, de l'Ardèche, de la Drôme et de Vaucluse ont fourni à eux seuls les trois quarts de la production.

« L'Illustration », 1908.

Intérieur d'une magnanerie

le Dauphiné, les Vosges, la Normandie comptent beaucoup de ruchers commerciaux : en 1926, la production est de 11 715 tonnes de miel et 816 tonnes de cire.
« En dehors de l'usage alimentaire que l'on en fait, le miel est employé dans la fabrication de boissons hygiéniques et de liqueurs », dont l'hydromel.
« L'apiculture assure également la guérison des femmes atteintes de maladies nerveuses et l'inoculation du venin d'abeille a une action curative incontestable sur les rhumatismes », affirme *Le Monde et la Science* de 1914.

À droite :
Ver à soie, chrysalide, papillon, cocon.

Les vers à soie

Exigeant une température élevée, la production se limite aux départements de l'Ardèche, du Gard, du Vaucluse, du Var, de la Drôme et des Basses-Alpes.
En 1853, la production de cocons s'élève à 26 000 tonnes pour un chiffre d'affaires de 2 milliards de francs (plus de 6 milliards d'euros) ; en 1939, elle tombe à 400 tonnes et ne représente plus que 32 millions de recette (12 millions d'euros).

Conclusion

Annet. La mairie et l'école communale.

Pendant longtemps, dans la littérature, les paysans, sont traités impitoyablement : ils sont mêlés à des scènes grotesques destinées à distraire et à provoquer le rire irrespectueux et moqueur ; ils prennent les noms de vilains ou de manants qualifiés de membrus, trapus, pourvus de mains énormes et de sourcils broussailleux.

Au XVIIe siècle, Madame de Sévigné aime la campagne et sa tranquillité mais elle décrit le fanage comme un amusement : « *Savez-vous ce que c'est que faner ? Faner est la plus jolie chose du monde : c'est retourner du foin en batifolant dans une prairie.* »

Au XVIIIe siècle, Dancourt met en scène des cultivateurs dans ses pièces : *La Maison de campagne, La Foire de Bezons, Les Vendanges de Suresnes* ; il s'attache à représenter les amours et les intrigues au village. Sedaine écrit des opéras comiques champêtres : *Le Roi et le Fermier, Les Sabots.*

L'âme paysanne s'exprime si difficilement, que la ferveur de la terre chez les poètes, les romanciers, les historiens, se manifeste tardivement.

Le XIXe siècle met les ruraux dans la littérature avec beaucoup plus de réalité. Chateaubriand et Lamartine décrivent des campagnes d'une beauté frappante. Victor Hugo fait des efforts pour se rapprocher des paysans, pour admirer le geste auguste du semeur. Guy de Maupassant évoque la vie des paysans normands tandis qu'Alphonse Daudet et Frédéric Mistral chantent la Provence.

Les romanciers comme George Sand, Zola, Flaubert, Balzac décrivent avec encore plus de vérité les vieilles coutumes paysannes, les querelles, les divertissements. Il suffit de se glisser dans les pages de *La Petite Fadette, La Mare au Diable, Les Paysans, Madame Bovary* pour pénétrer au cœur de la paysannerie française.

Au début du XXe siècle, le développement des loisirs, du tourisme et de l'au-

Un attelage mixte dans le Jura.

tomobile amène les citadins à découvrir les paysans et leur vie laborieuse. Ce nouvel intérêt donne au mouvement littéraire plus de vérité aux faits sociaux.

Avec l'exode des campagnes, les auteurs, la plupart déracinés, reviennent aux champs pour observer ceux qui ont été leurs camarades d'enfance ou tout simplement leurs parents. Pour la première fois, une tendresse affectueuse apparaît dans les écrits. Pierre Loti (1850-1923) est fidèle au Pays basque quand il écrit *Ramuntcho* ; René Bazin (1853-1932) célèbre l'attachement à la terre et aux vertus ancestrales dans *La Douce France, Le blé qui lève, La terre qui meurt* ; Francis Jammes (1868-1938) se fait le chantre du Béarn tandis qu'Henri Pourrat (1887-1959) magnifie les paysages et la vie ancestrale de l'Auvergne dans *Gaspard des montagnes* qu'il écrit de 1922 à 1931.

Le terroir fait la race et la littérature d'un pays. « *On a fait du paysan, beaucoup de portraits non ressemblants, et cela ne date pas d'hier. On a exagéré ses défauts car il en a. [...] Je ne considérerai que le laboureur des terres fortes, celui qui tenait la charrue, faisait ses semailles et récoltait son froment.*

Il avait une vie rude, toute de vigilance et de lutte contre l'innombrable ennemi de son bien ; il en gémissait et l'aimait tout ensemble et, s'il s'enrichissait, il voulait rester pauvre de maison et pauvre de vêtements pour augmenter seulement le nombre de ses bœufs ou celui de ses champs. Il avait l'esprit lent mais tout à fait solide, judicieux, hardi dans la riposte. » (Extrait de *La Douce France* de René Bazin.)

Le paysan pourrait être poète, romancier, narrateur. Il aime sa terre, il s'attache à ses animaux, il sent la mélancolie de l'automne, il ne reste pas insensible à la chute des feuilles, mais il n'ose et ne sait extérioriser ses sentiments, ses réactions intimes. Peu expansif, il dissimule ses émotions de peur de paraître gauche, ridicule et dupe.

L'expérience lui a appris, surtout dans les fermes isolées, la méfiance, héritage d'un long servage, tradition millénaire. Les superstitions, les croyances légendaires, un ensemble d'habitudes ancestrales l'enferment parfois dans la routine.

De grands écrivains, comme Zola, ont voulu voir en lui son avarice et son âpreté au gain... Son esprit d'économie l'honore : dans les périodes de crise, la France a souvent fait appel à son « *bas de laine* » pour les emprunts nécessaires au relèvement au pays. Solidaire de la terre, il l'est aussi de sa famille et de ses voisins. Que de fois dans son travail quotidien, il a dû faire preuve d'endurance et de ténacité.

Le bilan d'un siècle est remarquable : les progrès de l'instruction l'ont sorti de l'isolement, ont fortifié son bon sens naturel, ont affiné ses sentiments, ont développé ses connaissances, faisant de lui un chef d'entreprise et un citoyen égal aux citadins.

Le paysan

« *Pour le touriste qui passe vertigineusement sur la route, le paysan est un être sourd, lent, inexplicable, qui conduit un attelage mérovingien.*

Pour le touriste flâneur, ami des chemins de traverse et des chanceuses petites auberges, le paysan, du moins le paysan d'été, est un homme dont la montre retarde d'une heure.

L'avarice paysanne ? Ce fut hélas ! pendant des siècles une vertu obligatoire. Mais la dureté du cœur n'était pas plus fréquente qu'ailleurs ; elle l'était peut-être moins. Certes, les doigts noueux du chef de famille ne lâchaient pas volontiers le pauvre argent si douloureusement arraché à la terre ; mais qu'un mendiant se présentât à la porte, s'il restait du pain dans la huche, il avait droit à sa part. Or, on comptait les mendiants par centaines de mille, il y a seulement trente ans ; et l'immense majorité d'entre eux ne vivait que des aumônes paysannes.

Sache bien, touriste, que le paysan que tu rencontres est de ta race ; ne monte pas au sommet de la tour pour lui parler. Ne cherche pas non plus tous les mots patois de ton répertoire : il entend le français. Lorsque tu seras en veine de bonhomie, ne lui frappe pas sur l'épaule en l'appelant "Mon brave". Quoi qu'on en dise, il est plus digne. Touriste, je t'assure que le paysan est un homme tout à fait semblable à toi. »

ERNEST PÉROCHON

Extrait du texte « Paysan d'aujourd'hui », *Les Annales*, 4 avril 1926.

Page de droite : ***Albert Levesque et Rosalie Poutrel.***

Le travail et la dignité ont façonné le visage de ce couple de petits paysans de la Normandie.

TABLE *des* MATIÈRES

Le Petit Journal
SUPPLÉMENT ILLUSTRÉ
Huit pages : CINQ centimes
SAMEDI 23 MAI 1891
LA FRANCE TRAVAILLE ET VEILLE

EN AUVERGNE 17 La Moisson

LA VIE À LA CAMPAGNE
L'ATTELAGE DE DEMAIN
ESSAI DE TRACTEUR AUTOMOBILE
HACHETTE & Cie

REMERCIEMENT

L'auteur remercie le Crédit agricole
et plus particulièrement la Caisse Régionale Alsace-Vosges
pour sa participation.

© 2003- Éditions Ouest-France, Édilarge S.A., Rennes
Cet ouvrage a été achevé d'imprimer en France par l'imprimerie Mame à Tours (37)
Flashage numérique CTP
I.S.B.N. 2.7373.3024.6 - N° éditeur : 4382.01.16.10.03
Dépôt légal : octobre 2003
Photogravure : Micro Lynx, Rennes (35)
Édition : Henri Bancaud
Collaboration éditoriale : Delphine Got
Conception graphique : Laurence Morvan
Mise en pages : Studio graphique des Éditions Ouest-France